科普总动员

考古触摸历史,历史解读时代。让我们一起来感知探索神秘的考古谜题吧!

探索神秘的

考古 谜题

编著：倪青义

考古就是通过古代实物材料的
发掘研究来了解古代社会的遗迹

山西出版传媒集团
山西经济出版社

图书在版编目(CIP)数据

探索神秘的考古谜题 / 倪青义编著. — 太原：山西经济出版社, 2017.1（2025.5重印）
ISBN 978-7-5577-0153-6

Ⅰ.①探… Ⅱ.①倪… Ⅲ.①考古发现－世界－青少年读物 Ⅳ.①K86-49

中国版本图书馆CIP数据核字（2017）第009784号

探索神秘的考古谜题
TANSUO SHENMI DE KAOGU MITI

编　　著：倪青义
出版策划：吕应征
责任编辑：侯轶民
装帧设计：蔚蓝风行

出 版 者：山西出版传媒集团·山西经济出版社
社　　址：太原市建设南路 21 号
邮　　编：030012
电　　话：0351-4922133（发行中心）
　　　　　0351-4922142（总编室）
E-mail：scb@sxjjcb.com（市场部）
　　　　　zbs@sxjjcb.com（总编室）

经 销 者：山西出版传媒集团·山西经济出版社
承 印 者：河北晔盛亚印刷有限公司

开　　本：787mm×1092mm　　1/16
印　　张：10
字　　数：150千字
版　　次：2017 年 1 月　第 1 版
印　　次：2025 年 5 月　第 4 次印刷
书　　号：ISBN 978-7-5577-0153-6
定　　价：56.00元

前言 ■探索神秘的考古谜题

辽阔无垠的山川大地，苍茫无际的宇宙星空，人类生活在一个充满神奇变化的大千世界中。异彩纷呈的自然科学现象，古往今来曾引发无数人的惊诧和探索，它们不仅是科学家研究的课题，更是青少年渴望了解的知识。通过了解这些知识，可开阔视野，激发探索自然科学的兴趣。

本书介绍了考古的相关知识。分"再现千年文明""追溯生物祖先""挖掘恢宏建筑"3个篇章，为青少年读者开启发现世界历史的奇妙旅程，展现宏伟的古代人文景观以及世界各地的重要考古发现。全书图文并茂、通俗易懂，并以简洁、鲜明、风趣的标题引发青少年的阅读兴趣。

考古就是通过古代实物材料的发掘研究来了解古代社会的遗迹，超越时空和古人对话。这里的实物材料是指古代人类有意识加工过的人工制品，或是修造的房屋、坟墓或其他建筑，以及与人类活动有关的能够反映人类社会发展状况的物品。这些资料有助于探索当时社会、经济和生活等方面的发展状况，从而弥补史料的不足，特别是对于没有文字记载的史前时代，考古工作具有重要意义。

1517年，西班牙人发现位于危地马拉东北部热带丛林深处的蒂卡尔，它是迄今人们了解最多、规模最大的玛雅古城之一。

1901年12月，考古工作者在伊朗西南部的一个古城旧址上发现了世界上最早的成文法律条文——《汉穆拉比法典》。它是人们研究古巴比伦经济制度与社会法治制度的重要文物，也是古巴比伦艺术的杰出代表。

1922年11月，考古学家在埃及的帝王谷发现了图坦卡蒙陵墓，这是3300年来唯一一个完好无缺的法老陵墓，也是埃及最豪华的陵寝，更是埃及乃至世界考古史上最伟大的发现。陵墓中的纯金面具，纯金雕制镶满宝石的王位，铺满墓室墙壁的纯金浮雕以及完整无缺的木乃伊……无一不让人惊叹。

1929年12月，在位于北京周口店的龙骨山上，考古工作者发现了北京人的首个头盖骨化石。北京人化石作为从猿到人的中间环节的代表，被称为"古人类全部历史中最有意义最动人的发现"。

20世纪60年代，考古专家在宁夏回族自治区的中卫市，发现了中国唯一的世界级"岩画主要地区"——大麦地岩画。岩画中的图画文字是比甲骨文、苏美尼亚楔形文字以及埃及象形文字还要早几千年的最原始的岩画文字。

1974年3月，在西安的秦始皇陵东侧，发现了规模宏大的陪葬坑、世界最大的地下军事博物馆——秦始皇陵兵马俑坑，揭开了埋葬于地下的2000多年前的秦俑宝藏。

20世纪末，两名登山者在阿尔卑斯山的积雪下发现了一具5300年前的古尸，这是迄今发现并保存得最完整、最古老的古尸，比中国马王堆的古尸还要古老3000多年。

……

考古源自人类永不停息的好奇。打开这本书，读者可以看到曾经失落的文明、尘封的历史、生物进化的历程。尽管跨越了千年，但远古时代神秘发达的高度文明无不让人叹为观止，使人为之倾倒。

目录 ■探索神秘的考古谜题

再现千年文明

中国最古老的图画文字

科普档案 ●考古发现：大麦地岩画文字为中国最古老的文字　　●位置：宁夏回族自治区中卫市

在距今 1.3 万年至 1 万年的宁夏中卫市大麦地岩画中，发现了我国最古老的岩画文字。大麦地岩画文字不仅比甲骨文早数千年，甚至比南美索不达米亚复杂刻画、苏美尼亚楔形文字以及埃及象形文字还要早几千年。

据宁夏银川市的西北第二民族学院岩画研究中心的专家透露，在距今 1.3 万年至 1 万年的宁夏中卫市大麦地岩画中，发现了我国最古老的岩画文字。这一发现有可能改写中国的文字史。

该研究中心李祥石研究员提出，大麦地岩画文字不仅比甲骨文早数千年，甚至比国际学术界公认的，产生于公元前 3350 年的南美索不达米亚复杂刻画、产生于公元前 3200 年的苏美尼亚楔形文字、产生于公元前 3050 年的埃及象形文字还要早几千年。

大麦地岩画文字可能是世界上最古老的文字，它的发现对研究中国文字史和世界文字史都有积极意义。

西北第二民族学院成立岩画研究中心后，对岩画进行了仔细统计和研究，发现这些岩画共有 2137 组，8453 个个体图形。岩画的内容丰富、题材多样，包括日月星辰、天地神灵、手足蹄印以及狩猎、放牧、舞蹈、祭祀等活动场面。

在岩画近 1/10 的符号中，专家发现了似文似图的符号，其中有单个符号组成的复合型带有词语性质的图符。经过进一步比较研究，发现大麦地岩画这种类似文字性质的符号有一个重要特征，就是早期岩画的象形性，与汉字中的象形字体相似，并由此推断它是原始文字。

李祥石研究员和束锡红教授认为，关于岩画与刻画符号是不是文字或文字前身的书写形式的问题，20世纪时就引起人们的关注，但在世界性的岩画研究中，从未找到如大麦地发现的这种复合式符号。大麦地岩画古文字的来源与中华民族的先民有关，与传说中的三皇、五帝有关，甚至更早，可能是我国最古老的图画文字。

□宁夏中卫市大麦地岩画

研究表明，大麦地岩画通过抽象成象形、会意、指事符号，可以表达一个完整的意思，最终演变成为远古原始符号。比如有一幅岩画，被研究人员取名为《臣服》。其右侧是武力冲突中胜者接受降者的跪拜；左上侧是一把弓箭，表示武力、统治和占领；左下侧为降者在弓箭武力的震慑和压迫下跪拜求饶，表示请罪或臣服。这幅岩画的图案是一个完整意义的文字符号。

专家认为，图画符号与文字混合，表意更为丰富。比如有一幅名为《田园》的岩画，右上部为一只羊，左上部为一个人面，其中部为S形符号，下部为一横符号。这是一组图画与符号组合的符号文字，描述了宁静的田园生活场景。文字的发展是先有图画，然后有图画与符号的配合，即由繁到略繁，最后达到实用、简约的目的。符号文字的特点就是除图画形象外，用符号表示会意和指事，功能更加具有实用性。在大麦地岩画中，图画、符号的互相补充、互相交织，符合文字的发展规律。

大麦地位于宁夏卫宁北山人迹罕至的地方，西面是一望无际的腾格里沙漠，东面与巍峨连绵的贺兰山相对，奔腾不息的黄河与之日夜相伴。由于地处偏僻、交通不便，这里的岩画基本保持原始状态。

大麦地面积15平方千米，自东向西排列着南北走向的11条冲沟，千奇百怪的密集岩画群就凿刻在这些山梁、山沟的岩面上，如同一个天然画廊。岩画规模宏大，数量惊人，内容丰富。这里遗存的史前岩画登记在册的

□岩画上近1/10是符号

已有2137幅，展现个体形象的有8453个，平均每平方千米遗存图像达568个，超出了世界公认的判定岩画"主要分布区"限定标准的20倍。在岩画密集地段，几乎所有可以作画的石面都被充分利用，所有岩画都是依据石面大小而设计、刻画的。石面较小的刻简单动物，石面宽阔的刻复杂画面；画面内容有狩猎畜牧、战争舞蹈、牛羊虎狼、日月星辰、天地神灵、手足蹄印、男根女阴、图案符号等。

大麦地岩画群体性场面很多，最大的一块石面长9米、宽1.2米，竟被刻上100多只动物和符号，几乎没有空白。像这样的巨幅岩画在大麦地有近百个，描绘的都是游牧、狩猎、舞蹈、战争、祭祀等场景，表现了先民多姿多彩的生活，被研究者称为"游牧长卷"。而岩画上那些似文似图的符号，也具有象形和表意的功能，颇有文字雏形。

中国专家学者们一直在寻找文字的起源，以前更多是从出土的陶器上寻找各种刻画符号，但都比较零星。后来发现了岩画，经过漫长的历史演变，石头大面积存在并且能够长期保存，像大麦地的岩画，漫山遍野都是，也是古人最容易接触到的天然的载体。

李祥石说："我从事多年的岩画研究工作，从未见过像大麦地那样抽象地表达一个完整意思的符号存在。目前发现了1500个这样的符号，数量是很多的。大麦地附近的贺兰山距离黄河1千米，这里孕育着黄河文明。从目前考察的岩画内容看，既有游牧文化的东西，也有农业文明的东西，这样特殊的地理位置，产生人类智慧的火花，孕育一种文字符号的产生是可能的；从文字发展的规律看，没有文字之前是图画，然后有了图画与符号配合，接着是进一步简化抽象成符号表达意思。大麦地岩画中，我们似乎能看到这样的一个演化过程，如有图画和符号一起表达意思的，有图画抽象成的符号，有几个符号组合表达意思的。这些符号都有汉语中的象形、指事、会意的特点，所以我觉得这些可能是比甲骨文更早的图画文字。"

对大麦地岩画，学术界采用地衣测年法，比较准确地测得岩画距今时间。大麦地岩画，早期在距今 10865~13241 年间，中期在距今 5947~6253 年，中晚期在距今 2771~5422 年，而晚期，由于已出现西夏文字，估计距今在 1000 年左右。

上海古籍出版社古文字专家刘景云说："大麦地的图画符号从文字本身的形态看是属于比甲骨文更原始的文字，从这个角度看，它有一定的研究价值，它可能是比甲骨文更早的图画文字。在大麦地的图画符号中，我发现了不少这种圆头长尾的表示'蛇'的符号存在，与甲骨文中的相似。"

 知识链接

楔形文字

公元前 4000 年左右，两河流域的苏美尔人创造了灿烂的苏美尔文明，最能反映这种文明特征的就是他们的文字——楔形文字，公元前 3100 年之前，苏美尔人就开始使用这种文字，它是至今为止被发现的最古老的文字之一，也是两河流域最主要的文化成就。楔形文字（cuneiform）来源于拉丁语，是 cuneus（楔子）和 forma（形状）两个单词构成的复合词。楔形文字也叫"钉头文字"或"箭头字"，多刻写在石头和泥版（泥砖）上。笔画成楔状，颇像钉头或箭头。

达德拉尔特·阿卡库斯石窟画

科普档案　●考古发现:达德拉尔特·阿卡库斯石窟画●位置:利比亚与阿尔及利亚接壤的边境地区

达德拉尔特·阿卡库斯雕刻和石窟画,生动地反映了当地动物和植物随着环境变化而发生的深刻演变,刻画出在当地繁衍生息的居民不同的生活方式。

　　达德拉尔特·阿卡库斯石窟位于利比亚与阿尔及利亚接壤的边境地区。在这个多石高原上发现了数千件雕刻画和石窟画,这些绘画风格截然不同的作品,生动地反映了当地动物和植物随着环境变化而发生的深刻演变,刻画出在当地繁衍生息的居民不同的生活方式。

　　达德拉尔特·阿卡库斯高原在加特城东的菲桑,是一片面积为250平方千米、现已荒无人烟的广阔山区。从20世纪中期起,在法布里西奥·莫里和保罗·格拉西奥西等专家主持下,意大利与利比亚联合科学考察团清点

□达德拉尔特·阿卡库斯石窟

□达德拉尔特·阿卡库斯石窟画

了百余个石洞,发现了数百幅雕刻画和数千幅绘画,以及许多石制和陶制物品。这些不同时期的绘画和文物以不同的风格向人们展示了由于气候的演变而使当地物种和居民生活方式发生巨大变迁的情况。

"自然主义时期"留下许多描写大型草原哺乳动物的雕刻,如大象、犀牛和长颈鹿等;在"圆头时期",可以看到湿润气候带所特有的动物群和一些魔幻宗教场面,在这个时期,雕刻和绘画同时存在;在"放牧时期",众多的牛群被画在洞穴的墙面上作为装饰,这个时期的雕刻和绘画数目最多,因而也最重要;在"马时期",半干燥的气候造成某些物种的灭绝并从画面上消失,驯马开始出现;最后是"骆驼"时期,即公元后头几个世纪,由于沙漠化日趋严重,单峰驼是当时石窟画的主题。达德拉尔特·阿尔库斯高原是塔西利·杰尔高原的自然延伸,高原上的石窟是这里曾经存在过人类文明的极好的见证。喀尔寇阿内布匿城位于突尼斯纳贝乌省,这座腓尼基城在公元前250年第一次布匿战争期间被废弃,罗马人也未予重建,现在却给我们提供了一个腓尼基城的无与伦比的见证。城内房屋建筑规范,布局十分讲究。这座城市遗址最早于957年被发现,它增加了人们对布匿人城市布局的了解。

喀尔寇阿内与载入世界遗产名录的其他城市(如迦太基、提洛或比布罗斯)不同,这里没有任何罗马人的建筑痕迹。1968年发现的港口、城墙、居民区、商店、作坊、街道、广场、寺庙和陵墓,清清楚楚勾画出公元前3世纪腓尼基城的面貌。民居一般呈长方形,有大门和一条通往内院的廊道;院内有一眼井,一个排水沟和一个浴盆。院子四周是房屋,其中一间是客厅。民居大同小异,唯一的区别是有些民居的内院设一神坛。此种布局反复出现,证明当时城市确实经过规划,其中的水利及卫生设施尤为突出。对出土的钱币、陶瓷器、各种日用品等小件物品和建筑物进行的研究表明,这是一座无农牧业活动的城市,集中从事手工业,主要有通过加工骨螺制作紫色染料、石雕、建筑、粉刷、陶瓷等。研究者还发现这个腓尼基港口从公元前6世纪起即与西西里的布匿人城市,尤其是莫兹亚城,有贸易往来。在一块长170米、宽100米的土地上,分布着200余座坟墓,其中50座尚未挖掘。墓分两种,一种墓的墓穴在岩石上凿成,另一种带着廊式墓室和地下厅室。地下厅室内有石凳、神龛、石棺……还有许多装饰精美的赭红色陶器、青铜器、首饰、钱币等陪葬品。

📖 知识链接

迦太基

迦太基(QRT HDST,该词源于腓尼基语,意为"新的城市")坐落于非洲北海岸(今突尼斯),与罗马隔海相望。因为在三次布匿战争中均被罗马打败而灭亡。今天看到的迦太基残存的遗迹多数是罗马人在占领时期重建的。从残存的剧场、公共浴室和渡槽等遗迹可知当时工程之浩大,设计之精确。在迦太基古迹附近有一座新落成的现代化博物馆,馆内保存并陈列着大量珍贵的历史文物。1978年,联合国教科文组织将迦太基遗址列入第一批"世界文化与自然遗产"的名单中。

甲骨文的发现

科普档案 ●考古发现:甲骨文 ●发现地点:殷代都城遗址(今河南安阳小屯) ●时间:19世纪末

中国的文字萌芽较早,在新石器时代仰韶文化的陶器上,就发现了各种刻画符号,这是中国文字的雏形,经过两三千年的孕育、发展,到了商代,我国的文字达到基本成熟阶段。

甲骨文是中国古代的一种文字,被认为是现代汉字的雏形,也被认为是汉字的书体之一,是现存中国古代最成熟的一种文字。甲骨文的形状会因甲骨分期而略有差异。武丁时期的甲骨最为完整,其也是现存甲骨数量最多的时期。

商朝人好占卜,以火灼烧甲骨出现的"兆"(细小的纵横裂纹)预测未来的吉凶。甲包括龟的腹甲与背甲,骨多为牛的肩胛骨与肋骨。甲骨文初发现于河南省安阳县小屯村一带,距今约3000余年,是比篆文、籀文更早的文字。清光绪二十四年(1898年)以前,当地的农民在采收花生时,偶然捡到一些龟甲和兽骨,被当成中药卖给药铺,清末金石学家王懿荣和学生赵军偶然在中药材上的"龙骨"片发现有古文字,经过查证后才知道出土地是商代国都所在地。但后人考证王懿荣并非发现甲骨文的第一人,其他尚有王襄、孟定生、刘鹗、端方、胡石查等人。最初,在古物交易中获利的人为垄断甲骨文,故意把出土地点说成是汤阴或卫辉,学者多受其误导。1928年,"中央研究院"历史语言研究所第一次有计划地对甲骨文进行考古发掘,由董作宾领导,共有6人参加,至1937年,前后共进行了15次,发掘地点除了洹水南岸的小屯村以外,扩大到后冈和洹水北岸的侯家庄西北冈、高井台子、大司空村等地,一共出土龟甲、兽骨24900片。抗战期间,考古发掘工作被迫停止,有1200多片甲骨随同众多文物被运往日本。1973年小屯南地出土

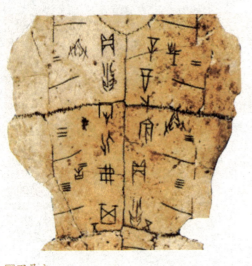
□甲骨文

4805 片甲骨文。1991 年殷墟花园庄东地 H3 坑中出土甲骨文 689 片。

从 1899 年甲骨文首次发现到现在，据学者统计，共计出土甲骨 154600 片，其中大陆收藏有 97600 片，台湾收藏有 30200 片，香港收藏有 89 片，总计我国共收藏 127889 片，此外，日本、加拿大、英国、美国等国家共收藏了 26700 片。到目前为止，这些甲骨上刻有的单字约 4500 个，迄今已释读出的字约有 2000 个。

中国的文字萌芽较早，在新石器时代仰韶文化的陶器上，就发现了各种刻画符号，这是中国文字的雏形，经过两三千年的孕育、发展，到了商代，我国的文字达到基本成熟阶段。甲骨文具有一定体系并有比较严密的规律，刻画精湛，内容丰富，对中国古文字研究有重要作用。过去，古文字研究的主要依据是商周青铜器上的铭文，如东汉许慎的《说文解字》。甲骨文比《说文解字》要早 1500 年，而且它是来源于直接发掘出来的出土文物，可信程度更高，对研究汉字的起源和发展，纠正《说文解字》的疏失，解决青铜器铭文中悬而未决的问题，都有极大价值。

从甲骨上的文字看，它们已具备了中国书法的用笔、结字、章法三要素。其用笔线条严整瘦劲，曲直粗细均备，笔画多方折，对后世篆刻的用笔用刀产生了影响。从结字上看，文字有变化，虽大小不一，但比较均衡对称，显示了稳定的格局。从章法上看，虽受骨片大小和形状的影响，仍表现了镌刻的技巧和书写的艺术特色。"甲骨书法"现今已在一些书法家和书法爱好者中流行，就证明了它的魅力。

由于弄清了甲骨出土的地点，从 1928 年秋到 1937 年夏抗日战争爆发时，"中央研究院"历史语言研究所考古组，在著名考古学家董作宾、李济、梁思永等人先后主持下，在小屯村一带进行了长达 10 年的 15 次考古发掘，不仅先后发现了总计 24900 片甲骨，而且发现了商代后期的宫殿、宗庙遗址和王陵区，出土了大量珍贵的铜器、玉器、陶器，证实了殷墟为商代王都。殷墟成为世界闻名的古文化遗址，又一次震动了中外学术界。

新中国成立后，考古工作者又进行了多次调查、发掘，大体弄清了殷墟的范围和布局。位于河南省安阳市区西北郊的殷墟，它以小屯村为中心，东西约 6 千米，南北约 5 千米，总面积 30 平方千米左右。洹河南岸的小屯村一带是殷王居住的宫殿区，发掘出宫殿遗址数十座，最大的一座面积 5000平方米。洹河北部是殷王陵区，先后发掘出十几座大墓、1000 多座小墓，以及大批祭祀坑。在宫殿附近发现了两座甲骨文档案库和铸铜、制玉、制骨、烧陶等手工业作坊遗址。殷墟发掘延续时间之长、规模之大、收获之丰，是中国考古史上罕见的。

为了纪念殷墟考古的伟大发现，1987 年秋，安阳市在宫殿遗址区东北面修建了一座殷墟博物苑，复原和再现了 3000 年前殷王宫和一些建筑的风貌。1976 年春，在宫殿区附近，小屯村北偏西 100 米处，发掘出中国历史上第一个女将军妇好的墓。甲骨文记载，妇好是商王武丁的王后。有一年夏天，北方边境发生战争，双方相持不下，妇好自告奋勇，要求率兵前往，武丁犹豫不决，占卜后才决定派妇好起兵，结果大胜。此后，武丁让她担任统帅，从此，她东征西讨，打败了周围 20 多个方国（独立的小国）。有一片甲骨卜辞上说，妇好在征战羌方时，统帅了 1.3 万人的庞大队伍，这是迄今已知商代对外用兵最多的一次。

妇好墓是殷墟发掘的唯一保存完整的殷代王室墓葬，出土的很多器物上都刻有铭文，是唯一能与甲骨文、历史文献相印证，从而能确定墓主身份、年代的商代王室墓葬。

对殷墟 70 年的考古，

□中国历史上第一个女将军妇好的墓

特别要提出来的是对甲骨文的三次重要的考证与发现：第一次是1936年6月12日，在小屯村北宫殿区发掘出一个甲骨坑，保存着带字甲骨17096片，记录着商王武丁时期的许多活动，看来这是武丁王室的甲骨文档案库，这批甲骨片的出土，对考证武丁时期的社会政治、文化、生活有极宝贵的价值。发掘时还发现坑中埋有一个身体蜷曲、侧卧的尸骨，其身躯大部分压在甲骨上，专家认为可能是档案库的看守人。第二次，1973年在小屯村南地，又发掘出甲骨7150片，其中刻字甲骨5041片。与这批甲骨同时出土的还有陶器制品，这种甲骨与陶器共存的现象为甲骨文分期及殷墟文化分期提供了宝贵资料。第三次是1991年秋，在花园庄东地发掘出一个仅2平方米的甲骨坑，但其叠压厚度却达0.8米，出土1583片甲骨，其中刻字甲骨有579片，记载内容丰富，而且问卜者都是武丁时期的王族成员和高级贵族。说明这个时期，占卜活动已不限于最高统治者——国王，商朝王室贵胄都可以利用占卜来预测吉凶了。

甲骨文的发现以及由此引发的殷墟发掘，对中国考古学具有划时代的意义。

📖 知识链接

甲骨文收藏

中国国家图书馆是中国乃至世界上收藏甲骨最多的单位，共藏有35651片。多系名家捐赠和从私人、市肆收购而来。所藏甲骨还曾著录于罗振玉《殷墟书契》、胡厚宣《战后京津新获甲骨集》、郭沫若《殷契粹编》、郭若愚《殷契拾掇》中。中国国家图书馆藏甲骨拓片也很丰富，除正在传拓中的《馆藏甲骨集拓》外，还有《善斋书契丛编甲骨拓本》十八册四函，共28000余张。在郭沫若主编的《甲骨文合集》中还收录有该馆所藏甲骨拓本十余种之多。

北京人头盖骨

科普档案 ●考古发现:北京人头盖骨 ●发现地点:北京周口店龙骨山上的北京猿人遗址 ●时间:1929年

1929年12月,在位于北京房山区周口店村的龙骨山上,我国考古工作者发现了北京人的首个头盖骨化石,后来又发现了5个比较完整的头盖骨和200多块骨化石。通过对这些资料的研究,证明北京猿人距今约69万年,属直立人种。

20世纪20年代,考古学家开始在周口店发掘,发现了距今约60万年前的猿人头盖骨,定名北京猿人,正式名称为"中国猿人北京种",现在在科学上常称之为"北京直立人",其生活年代属旧石器时代。

1929年12月,在位于北京房山区周口店村的龙骨山上的北京猿人遗址,我国考古工作者裴文中发现了北京人的第一个头盖骨化石,后来又发现了5个比较完整的头盖骨和200多块骨化石,还有大量打制石器、动物化石和灰烬。周口店发掘化石工作规模之大、延续时间之长是一个创举。后来龙骨山上陆续发现一些猿人使用的石器和用火遗址。通过对这些考古资料的研究,证明北京猿人距今约69万年,属直立人种。他们过着以狩猎为主的洞穴生活,能够使用和制造粗糙的石制工具,并已学会使用火取暖和吃熟食。

大约在北宋时代,北京周口店一带就有出产"龙骨"的传言。人们把"龙骨"当作天赐的良药,据说把它研磨成粉末敷在伤口上,就可以止痛和利于愈合。因为盛产龙骨,所以人们就把这里的一座山称为龙骨山。到了近代,经过古生物学家的研究,认为所谓"龙骨"不过是古生物的骨骼化石。这就吸引了不少古生物学家和考古学家来到周口店地区,进行发掘和考察。

1926年,科学家在周口店发现了属于早期人类的两颗牙齿。同年10月,北京科学界报道这一重要发现时,立即轰动了国内外。后来科学家决定

☐北京人遗址

把这两颗牙齿的主人，就命名为"北京人"，以后又定名为"中国猿人北京种"。这样，所谓"龙骨"之谜就揭开了，这不是天赐神物的骨骼，而是人类祖先和与他们同时代的动物的化石。1927年，周口店北京人遗址的大规模发掘工作开始了。发掘的主持单位是中国地质调查所和协和医学院。第二年，我国两位能干的青年古生物学家杨钟健和裴文中，参加了周口店的发掘工作。他们精力充沛，给整个现场带来了生气。到了1929年，震撼世界学术界的奇迹终于发生了：在周口店发现了第一个完整的北京人头盖骨。时间是这一年的初冬，工作人员在发掘过程中，突然看到一个小洞，洞口的裂隙窄得只容一人出入。为了探明虚实，裴文中来到洞里，仔细一看，高兴极了，原来在这里意外地发现了许多动物化石。他顾不得寒冷，决定把挖掘工作继续下去。到12月2日下午4点，裴文中突然高兴地喊叫起来："是猿人！"大家围拢过来，果真发现一个猿人的头盖骨，一半已露出地面，另一半还埋在硬土里。人们兴奋极了，目不转睛地盯着。这时天色越来越黑了，但大家的心情已经急不可耐。裴文中毅然决定，继续挖下去，一直到把这第一个北京人头盖骨完全出土为止。这一夜大家都没睡好。第二天清早，裴文中就派专人把这个大喜讯报告给北京城里的地质调查所。又过了几天，12月6日，裴文中亲自坐着汽车，用他自己的两床被子和褥子、毡子，包着这稀世珍宝将其护送到城里。

1936年贾兰坡又先后在猿人洞发现3个"北京猿人"头盖骨化石。第二次世界大战期间，周口店猿人洞先后出土的全部5个完整和比较完整的头盖骨神秘失踪，再度震惊了世界。北京猿人化石共出土头盖骨6具、头骨碎片12件、下颌骨15件、牙齿157枚及断裂的股骨、胫骨等，分属40多个男女老幼个体。考古学者同时发现10万件石器材料,以及用火的灰烟遗迹和烧石、烧骨等。北京猿人制造出颇具特色的旧石器文化,并对中国华北地区旧石器文化的发展产生深远的影响。"北京人"化石一直保存在北京协和医院,1940年12月26日,美日战事一触即发。"头盖骨"若继续留在北平很不安全,当时身在重庆的"中央地质调查所"副所长尹赞勋致信给"中央地质调查所"技术研究员、时在北平的新生代研究室副主任裴文中,述说险恶形势和对北京人头盖骨化石保存的担忧,并提出托美国友人运往美国学术机关暂存。

国民党"中央行政院"秘书长翁文灏也开始积极协调将"头盖骨"运送至纽约自然历史博物馆暂存。1941年1月10日,翁文灏和尹赞勋致信给协和医学院院长胡顿、新生代研究室名誉主任魏敦瑞,称"鉴于美日关系日趋紧张,美国正与中国站在一条战线共同抗日,我们不得不考虑在北平新生代研究室的科学标本安全问题。我们准备同意将它们用船运往美国,委托某个学术研究机关在中国抗战期间替我们暂为保管。"据李树喜公布的档案资料记载,"头盖骨"转移行动按计划开始,由美国海军陆战队护卫,乘北平到秦皇岛的专列到达秦皇岛港,在那里登船,船名"哈德逊总统号",预定12月8日抵秦皇岛。8日上午,列车抵达秦皇岛。此时,日本对珍珠港的空袭已经开始,随即,驻在秦皇岛山海关一带的日军突然行动袭击美军,美国海军陆战队的列车和军事人员包括美在秦皇岛的霍尔姆斯兵营的人员顷刻成为日军的俘虏,包括"北京人"在内的物资和行李当然成为日军的战利品,从此不见踪影,至今75年……

丢失的北京人头盖骨一共有5个;山顶洞人头盖骨3个;北京人头盖骨碎片数十片;北京人牙齿近百颗;北京人的残下颌骨13件;北京人的上锁骨1件;北京人的上腕骨1件;北京人的上鼻骨

□北京人头骨

1件；山顶洞人盆骨7件；山顶洞人肩胛骨3件。山顶洞人膝盖骨3件，还有硕猴头骨化石2件；硕猴下颌骨化石5件；硕猴残上颌骨化石3件；硕猴头骨化石残片1小盒；山顶洞人下颌骨4件，及大量其他珍贵化石。

北京人遗址及化石的发现，是世界古人类学研究史上的大事。迄今为止，还没有哪一个古人类遗址像周口店北京人遗址这样拥有如此众多的古人类、古文化、古动物化石和其他资料。北京人化石就成为世界科学界瞩目的稀世瑰宝。"北京人"虽然不是最早的人类，但作为从猿到人的中间环节的代表，被称为"古人类全部历史中最有意义最动人的发现"，因此，"北京人头盖骨"的珍贵可想而知。

📖 知识链接

北京人的石器

北京人的石器有砍砸器、刮削器、雕刻器、石锤和石砧等多种类型。他们挑选扁圆的砂岩或石英砾石，从一面或两面打出刃口，制成砍砸器。这类石器的尺寸较大。刮削器系用大小不同的石片加工而成，有盘状、直刃、凸刃、凹刃、多边刃等形状，是石器中数量最多的一类。尖状器和雕刻器数量不多，但制作比较精致，尺寸小，有的只有一节手指那么大，制作程序和打制方法比较固定，反映出一定的技术水平。在世界上已知的同时期的遗址中，还从没有听说过精致程度堪与其相匹敌的同类石器。石锤和石砧是他们制作石器的工具。

国之重器司母戊鼎

科普档案 ●考古发现:司母戊鼎　●发现地点:河南安阳武官村北的农田中　●时间:1939 年

司母戊鼎是中国商代后期（约公元前 16 世纪至公元前 11 世纪）王室祭祀用的青铜方鼎，是目前世界上发现的最大的青铜器。司母戊鼎器形高大厚重，形制雄伟，气势宏大，纹饰华丽，工艺高超，是商王武丁的儿子为祭祀母亲而铸造的。

　　司母戊鼎是中国商代后期(约公元前 16 世纪至公元前 11 世纪)王室祭祀用的青铜方鼎,1939 年 3 月 19 日在河南省安阳市武官村一片农地中出土,因其腹部铸有"司母戊"三字而得名,是商朝青铜器的代表作,现藏中国国家博物馆。司母戊鼎器形高大厚重,形制雄伟,气势宏大,纹饰华丽,工艺高超,又称司母戊大方鼎,高 133 厘米、口长 110 厘米、口宽 78 厘米、重875 千克,鼎腹长方形,上竖两只直耳(发现时仅剩一耳,另一耳是后来据另一耳复制补上的),下有四根圆柱形鼎足,是目前世界上发现的最大的青铜器。该鼎是商王武丁的儿子为祭祀母亲而铸造的。

　　鼎身呈长方形,口沿很厚,轮廓方直,显现出不可动摇的气势。司母戊鼎立耳、方腹、四足中空,除鼎身四面中央是无纹饰的长方形素面外,其余各处皆有纹饰。在细密的云雷纹之上,各部分主纹饰各具形态。鼎身四面在方形素面周围以饕餮作为主要纹饰,四面交接处,则饰以扉棱,扉棱之上为牛首,下为饕餮。鼎耳外廓有两只猛虎,虎口相对,中含人头。耳侧以鱼纹为饰。四只鼎足的纹饰也匠心独具,在三道弦纹之上各施以兽面。据考证,司母戊鼎应是商王室重器,其造型、纹饰、工艺均达到极高的水平,是商代青铜文化顶峰时期的代表作。

　　司母戊鼎的提手纹饰同样精美。两只龙虎张开巨口,含着一个人头,后

□司母戊鼎

世演变成"二龙戏珠"的吉祥图案。一般认为,这种艺术表现的是大自然和神的威慑力。有人推测,那个人是主持占卜的贞人,他主动将头伸入龙虎口中,目的是炫耀自己的胆量和法力,使民众臣服于自己的各种命令,完全是可能的:当时的贞人出场时都牵着两头猛兽,在青铜器和甲骨文经常可以看到这样的图案。此鼎器形庞大浑厚,其腹部铸有"司母戊"3字,亦有人释作"后母戊",是商王祖庚或祖甲为祭祀其母所铸。司母戊鼎的鼎身和鼎足为整体铸成,鼎耳是在鼎身铸好后再装范浇铸的。铸造这样高大的青铜器,所需金属料当在 1000 千克以上,且必须有较大的熔炉。经测定,司母戊鼎含铜 84.77%、锡 11.64%、铅 2.79%,其他金属 0.8%。与古文献记载制鼎的铜锡比例基本相符。司母戊鼎充分显示出商代青铜铸造业的生产规模和技术水平。

自从安阳小屯村发现甲骨文之后,质朴的当地农民逐渐意识到殷墟文物的价值,于是积极参加了探寻文物的活动。1939 年 3 月的一天上午,吴希增在吴培文的田地上用探杆探找文物,当探杆钻到地下十多米深的时候,触及一个硬物,吴希增将探杆取上来一看,发现坚硬的探头卷了刃,上面还留有绿色的铜锈,他意识到探到宝物了。按当地规定,探宝不分地界,但探出宝来,宝物所在地的主人要分得宝物售款的一半。吴希增和吴培文商定之后,当晚便破土挖宝了。挖掘工作是秘密进行的,到半夜时分,挖下约 10 米深,宝物被发现了,先挖到的是器物的柱足,接着整个器物显露出来。当时,大方鼎的口朝东北,柱足朝西南,横斜在泥土里,大如马槽,但只有一个鼎耳,另一个鼎耳不知去向,人们在泥土中找了很长时间也没找到。估计,它在埋入地下之前，便被击断失落了。第二天夜里，吴希增组织了四十多人往上提大方鼎，他们在洞口上搭了一个架子，用两条粗约五厘米的麻绳，刚提了两三米，粗实的绳子突然断裂了。此时，天将放亮，为防别人发现，又将洞口堵了起来。到了第三天夜里，吴希增再次召集村民们开始了提鼎。这次的办法是两根绳子一条拴住鼎耳，一条拴住柱足，一部分人在上面用力拉，一部分人在洞下用杠杆撬起一头并将土填入底部，然后再撬另一头，再用土填起来，用这种办法一点一点地往上抬，终于将这个特大方鼎弄出了地面。

抗战胜利后，1946 年 6 月，大鼎重新掘出，存放于安阳县政府。同年 10 月底，当时国民政府主席蒋介石 60 寿辰，当地驻军将大鼎作为寿礼，用专车运抵南京，蒋介石指示拨交"中央博物院"筹备处保存，值 1948 年夏，该鼎首次公开展出，蒋介石亲临参观并在鼎前留影，可见其受重视程度。后来，国民党政府曾想将此鼎运往台湾，终因过于困难，才打消了这一念头，新中国成立后，此鼎存于南京博物院，1959 年拨交中国历史博物馆，现已成为镇馆之宝。

🔖 **知识链接**

鼎

鼎为中国古代炊食器。中国鼎文化的起源可以一直追溯到原始社会新石器时代，早在 7000 多年前就出现了陶制的鼎。而其真正的发展最高峰则出现在商朝和西周时期，尤其是商代以鼎为代表的祭祀用容器的制作，盛行于商周时期，延续到汉代。在奴隶制鼎盛时代，被用作"别上下，明贵贱"，是一种标明身份等级的重要礼器。青铜鼎的前身是原始社会的陶鼎，本来是日用的饮食容器，后来发展成祭祀天和祖先的"神器"，并被笼罩上一层神秘而威严的色彩。

青铜典范四羊方尊

科普档案 ●考古发现:四羊方尊　●出土地点:湖南省宁乡县　●时间:1938 年

四羊方尊是以异常高超的铸造工艺制成的，集线雕、浮雕、圆雕于一器，把平面纹饰与立体雕塑融会贯通，把器皿和动物形状结合起来，恰到好处。在商代的青铜方尊中，此器被称为"臻于极致的青铜典范"。

四羊方尊器身方形，方口，大沿，颈饰口沿外侈，每边边长为 52.4 厘米，其边长几乎接近器身 58.3 厘米的高度。长颈，高圈足。颈部高耸，四边上装饰有蕉叶纹、三角夔纹和兽面纹。尊的中部是器的重心所在。尊四角各塑一羊。肩部四角是四个卷角羊头，羊头与羊颈伸出器外，羊身与羊腿附着于尊腹部及圈足上。尊腹即为羊的前胸，羊腿则附于圈足上，承担着尊体的重量。羊的前胸及颈背部饰鳞纹，两侧饰有美丽的长冠凤纹，圈足上是夔纹。方尊肩饰浮雕蛇身而有爪的龙纹，尊四面正中即两羊比邻处，各一双角龙首探出器表，从方尊每边右肩蜿蜒于前居的中间。全体饰有细雷纹。器四角和四面中心线合范处均设计成长棱脊，其作用是以此来掩盖合范时可能产生的对合不正的纹饰。据考古学者分析，四羊方尊是用两次分铸技术铸造的，即先将羊角与龙头单个铸好，然后将其分别配置在外范内，再进行整体浇铸。整个器物用块范法浇铸，一气呵成，鬼斧神工，显示了高超的铸造水平。四羊方尊集线雕、浮雕、圆雕于一器，把平面纹饰与立体雕塑融会贯通，把器皿和动物形状结合起来，恰到好处，以异常高超的铸造工艺制成。在商代的青铜方尊中，此器形体的端庄典雅是无与伦比的。此尊造型简洁、优美雄奇，寓动于静，被称为"臻于极致的青铜典范"。

四羊方尊的出土地湖南宁乡，由于从 20 世纪 30 年代开始，出土了大批

青铜器，其出土青铜器被称为
"宁乡青铜器群"。四羊方尊便是
"宁乡青铜器群"的代表，也是宁
乡出土最早的青铜器。这些青铜
器绝大多数与殷墟出土的青铜
器特征一致。考古学者认为四羊
方尊从造型与铸造特征方面是
典型的商代青铜器，但出土地湖
南当时是"荒蛮服地"，如何会出
土如此精美的商代青铜器？一般
认为商文化南界到淮河流域。有

□四羊方尊

些专家推测宁乡一带可能是商朝的一个方国；有人怀疑是后来带入湖南地
域的，但是此类说法均缺乏相关的证据。

　　"尊"是一种盛酒器。尊一般为圆形、鼓腹、大口，也有少数方形尊。四羊
方尊便是其中一例。"尊"，常与"彝"并称成组的青铜礼器，此类器物主要流
行于商周时期，基本造型是侈口、高颈、圆腹或方腹、圈足较高。商代晚期至
西周早期是青铜尊的铸造盛期。以四羊方尊式的方形尊和觚式尊，共同特点
是在器表的合范处多饰有凸起的棱脊，且通身雕满了精密繁缛的云雷纹、兽
面纹、蕉叶纹，整个器物给人以雄浑厚重之感。羊在古代寓意吉祥。四羊方尊
以四羊、四龙相对的造型展示了酒礼器中的至尊气象。

　　羊成为青铜重器着力表现的对象，有其独特的象征意义。首先，羊在祭
祀礼仪中的地位仅次于牛，商代国都所在的河南安阳小屯发现大量祭祀坑，
最多的就是牛、羊、犬，商王武丁时期的一条有关商王室对武丁祭祀的材料
中提到"卜用百犬、百羊"，另一条材料中提到"十五羊""五十羊"，可见羊作
为祭祀的牺牲用量很大。羊的个性也使之成为人们喜爱的对象。先秦时期，
人们对羊的个性有两个归纳：善良知礼；外柔内刚。羊"跪乳"的习性，被视为
善良知礼，甚至被后世演绎为孝敬父母的典范；外柔内刚也被引申出许多神

圣的秉性，传说的始祖皋陶敬羊，《诗经·召南》中也有"文王之政，廉直，德如羔羊"的说法，中国古代一种独角怪兽獬豸也被认为与羊有关，能看出人是否有罪，能分辨是非曲直。因此，后世以独角兽表示法律与公正。羊最通俗或民间化的象征意义便是"吉祥"，至少从汉代开始，羊就与吉祥联系在一起，汉代瓦当、铜镜等铭刻中多见"宜侯王大吉羊（祥）"，吉祥有时直接写成"吉羊"，在这里，羊与祥不仅仅是字的通假，而是羊身上被赋予的上述种种秉性使然。羊是带角的动物。角是许多民族尤其是原始民族崇拜之物，人类创造的神里许多带角，如中国古代战神蚩尤就是著名的带角的神。

湖南出土的以四羊方尊为代表的着力表现羊的青铜器，一方面保留了原始的图腾崇拜，又有替代羊作为牺牲献祭给神明的意思，同时还包含了对羊等家畜养殖兴旺的期盼，也可能萌芽后世关于羊的种种观念。对于当年羊尊的所有者来说，它不是一件器物，而是自己及其家国之希望所系。

📖知识链接

青铜器

青铜器，主要指先秦时期用铜锡合金制作的器物，简称"铜器"。流行于新石器时代晚期至秦汉时代，以商周器物最为精美。最初出现的是小型工具或饰物。夏代始有青铜容器和兵器。商中期，青铜器品种已很丰富，并出现了铭文和精细的花纹。商晚期至西周早期，是青铜器发展的鼎盛时期，器形多种多样，浑厚凝重，铭文逐渐加长，花纹繁缛富丽。随后，青铜器胎体开始变薄，纹饰逐渐简化。春秋晚期至战国，由于铁器的推广使用，铜制工具越来越少。秦汉时期，随着瓷器和漆器进入日常生活，铜制容器品种减少，装饰简单，多为素面，胎体也更为轻薄。

秦始皇兵马俑

科普档案 ●考古发现:兵马俑 ●位置:西安市骊山之北的秦始皇陵东侧 ●发现时间:1974年

秦始皇兵马俑的发现,揭开了中国雕塑史上的重要一页。反映了秦朝军事编制和装备情况,对我国军事研究也有助益。秦朝的雕塑上承殷周,下启汉唐,表现了其着重细节刻画的特征。

公元前221年,嬴政攻灭了他的最后一个对手齐国,成为中国的最高统治者。他13岁登基,23岁亲理国政,39岁征服六国,从而结束了春秋战国以来几百年诸侯分裂割据的局面,建立了中国历史上第一个统一的多民族国家。公元前210年,秦始皇逝世,下葬在陕西临潼区城东10里的骊山,他的陵墓北临渭水,气势雄伟,规模宏大。

20世纪70年代,当地农民在打井施工中挖到一件陶俑,他们意识到这个可能是文物,于是立即停工,向有关部门做了报告,经考古专家、科技人员鉴定,确定为秦朝之物。随后,在附近又先后发现了3个大坑,这些惊人的收获,终于揭开了人类历史文化宝藏的一大秘密。原来这里有一座规模巨大、举世罕见的兵马俑坑,这8000多兵马俑,在地下足足沉睡了2000多年。有关部门在这里盖了座大厅,以利于挖掘和修复工作,后来,又把这座建筑物定名为:秦始皇陵兵马俑博物馆。博物馆是一座高22米,长230米,拱顶跨度72米,总面积达16000平方米的现代化展览大厅。博物馆展厅以一号兵马俑坑为主体,向观众展出兵马俑坑发掘现场和坑内的出土文物,以及秦陵出土的部分重要文物。

也许你要问,什么叫俑呢?古时候,奴隶主死了,往往要把活的奴隶和死人一起埋葬,以为这样一来,奴隶主在阴曹地府也能叫奴隶替他劳动。后来,活人陪葬的习俗渐渐地被废止了,开始改用木制或泥制、陶制的人形偶

□秦始皇兵马俑

像,这就是俑。以后俑也包括葬品中的其他动物偶像,如牛俑、鸡俑、马俑、狗俑等。

一号兵马俑坑东西长 230 米,南北宽 62 米,面积约为 14260 平方米,是最大的一个俑坑。坑的东部为南北长 60 米、东西宽 3.45 米的长廊,里面横着站立有 3 排陶俑,每排 68 个,组成一个横队。横队后面筑有隔墙,将坑分为东西向的 11 个过洞,38 路武士俑排成纵队,一律向东。每 4 路武士之间有战车 4 辆。第一号坑的南、北两个较为狭窄的过洞中各站 2 排兵俑,中间较宽,则各站 4 排兵俑,均纵队排列,威武整齐,背西面东,直指来自东方的敌人。这是秦军"常阵"形式中的一种"外向型"军阵。这些兵俑也叫武士俑,他们披铠甲或战袍,身高都在 1.75 米以上,面呈古铜色。而且个个凝目聆听、镇静机智、仪态英武,有一种一往无前、视死如归的英雄气概。这一排排齐整威武的武士俑,宛如一支由几千名真人组成的"秦之三军",气势磅礴。形象地再现了秦始皇威震四海"灭六国,天下一"的雄壮军容,令人肃然起敬。这里的兵俑有步兵、骑兵、车兵三大类。根据实战需要,不同兵种的武士装备各异。担任前锋冲锋的和跟在车后面的步兵都是轻装,不穿铠甲,短袍束带,还打着绑腿,便于奔跑。驾驭战车的武士手上都有护手甲。从身份上分,有兵士与军吏两大类,军吏又有低级、中级、高级之别。一般士兵是不戴冠的,而军吏是戴冠的,普通军吏的冠与将军的冠又不相同,甚至铠甲也有区别。陶俑中间的木质战车，每乘前都有4匹体形健壮、骁勇善战的骏马，均雕镂精致，栩栩如生，使人联想起中原逐鹿的激烈战斗场面。车后并排站立3个铠甲俑，分别是车上的甲首、参乘和驭者。这些陶俑都携弓挎箭，执长兵器，威风凛凛。

坑中出土的戈、矛、剑、吴钩、弓、戟等武器都是经过铬处理的青铜制品，至今锋利如新，显示出2000多年前的秦朝的冶炼技术已达到了很高水平。特别引人注目的是陶人陶马在神情上的区别和脸型的不同。军吏一般表情严肃，岁数也大一些，有的额头还有皱纹。武士的表情是相当个性化的，不仅让人看出他们不同的性格，甚至有的还可大体猜想出他们是哪个地区的人。还有那陶马，身长2米，肩高1.29米，俑首高1.54米，这是以真马为原形塑造的，它们都栩栩如生。据畜牧专家鉴定，这些陶马的形象，很像是洮河马种。直到今天，它还是我国著名马种之一。

秦始皇兵马俑的发现，揭开了中国雕塑史上的重要一页。反映了秦朝军事编制和装备情况，对我国军事研究也有助益。秦朝的雕塑上承殷周，下启汉唐，表现了其着重细节刻画的特征。这几个兵俑如仔细观察，可见其同中有异，异中有同，千姿百态，栩栩如生。从神态、表情、容貌、动作、姿势、服饰等方面，细致入微地刻画了不同年龄、经历、兵种、职位的人物所特有的神情举止、精神风貌和内心感受。而战马则形体高大、劲健有力，均张口衔镳，剪鬃缚尾，双耳前倾，显示了它们的机警敏捷、强壮善驰。这些逼真而给人以巨大艺术感染的秦俑雕塑，是古代艺术大师技术和心血的结晶。那么，由兵马俑组成的这支象征性军队，是属于什么样性质的部队呢？据考古学家鉴定：一号俑坑是右军，以战车和步兵相间，以步兵为主，明显地分出前锋、后

□出土的战马

卫、主体、侧翼；二号俑坑是左军，有弩兵、车兵、骑兵、步兵，是一个多兵种的联合编合组，明显地分出4个单元，正如古代兵书中的大阵套小阵的模样；三号坑是指挥部，虽然很小，只有战车1辆，但旁边是护卫的80名武士，武士手持不同的弓弩、矛、戈、戟这些实战的武器，显得更加威武气派。这3个坑，组成了一个完整的军阵编列体系。这些由一队队身穿铠甲、战袍的武士和威武的马队、车队组成的森严军队，似乎再现了秦始皇当年的战功和军威。

据考古学家们分析：秦代的咸阳宫和咸阳城是驻有几万军队的。他们可以分为3种：宫城内的叫侍卫军；宫城外的叫屯卫军；京城外的叫宿卫军。3种军队的人员组成和使命是不一样的。对照之下，兵俑象征着宿卫军，它的人员是各郡国征调来的，任务是保卫京师，也可以调出征战。但是，这些宿卫军是不能随便进出皇宫的。它生动地体现了秦国兵强马壮、横扫六国、北劫匈奴、南平百越、统一海内的壮丽景象。再有，陶俑的制作工艺也有其独到之处，秦代的制陶工匠和雕塑工匠采用以模为主，塑模结合，分件制作，逐步套合，并采用入窑烧制和出窑彩绘的方法，烧制出这些大型陶俑和俑马。陶俑的头部主要采用了合模法塑制，俑腿和俑身是采用模制或泥条盘成，臂和手则用模制或手制。

秦始皇确实是个雄才大略的封建统治者，统一中国后他希望建造这座地下王国，来使自己及子孙万世不朽。可是，真正不朽的不是秦始皇，而是他的子民们留下的灿烂辉煌的工艺精品。

📖 知识链接

兵马俑

兵马俑多用陶冶结合的方法制成，先用陶模做出初胎，再覆盖一层细泥进行加工刻画加彩，有的是先烧后接，有的是先接再烧。其实当年的兵马俑各个都有鲜艳和谐的彩绘，出土后由于空气干燥，颜色就慢慢地脱落了，现在能看到的只是残留的彩绘痕迹。兵马俑的车兵、步兵、骑兵列成各种阵式，整体风格浑厚、健美。如果仔细观察，脸型、发型、体态、神韵均有差异。陶马有的双耳竖立，有的张嘴嘶鸣，有的闭嘴静立。所有这些秦始皇兵马俑都富有感染人的艺术魅力。

青花釉里红瓷仓

科普档案 ●考古发现:青花釉里红瓷仓●出土地点:景德镇●所属时代:元代

青花釉里红瓷仓是一件在景德镇出土的十分罕见的青花釉里红瓷器,现由江西省博物馆收藏。这件楼阁式瓷仓,造型别致,虽然是随葬明器,仍不失为珍贵的工艺品。

20世纪70年代末,丰城县文化馆在省文物商店的协助下征集到一件在景德镇出土的青花釉里红瓷器——楼阁式瓷仓,现收藏在江西省博物馆内。

这件楼阁式瓷仓,是一件珍贵的工艺品。青花釉里红瓷器,甚为罕见,作为楼阁式瓷仓,并且有明确纪年,迄今仅此一件。

瓷器的两柱间有正楷直书墓志,自右至左12行,共159字,记载死者为"故景德镇长芗书院山长凌颖之孙女",死于后至元戊寅(即后至元四年,公元1338年),安葬于南山。

瓷仓通高29.5厘米,横宽20.5厘米,进深10厘米。仓顶是庑殿重檐顶,红柱,瓦由釉里红点彩串珠组成,两旁作亭式稍低于仓顶。整个楼阁,形式上是一座宴乐厅。楼的四周有高2厘米的小栏杆。中有隔墙,分为前、后楼。前楼内置宝座,宝座两侧各有一人双手执翼,座前有二人舞蹈。后楼与前楼相通,有一支四人乐队,执腰鼓、琵琶、箫等,正在演奏,正楼两侧的旁楼也各置栏

□楼阁式瓷仓

杆。左楼二人演奏琵琶、拍板,右楼二人在吹奏箫笛。楼上的侍俑高 3.5 厘米。楼阁四柱饰红色,柱高 15.3 厘米,宽 9.4 厘米。四柱之内为仓。正面有门,门旁还有二人,手执棍棒,身着红彩白色衣衫,高 4.7 厘米。背面的壁上书写墓志。志文用青料写在白底上,呈蓝灰色,笔画重者呈褐色。仓的左侧壁上有黑底填红正楷直书"五谷仓所",柱前也有二人,高 3.5 厘米。其中一人执圆形簸箕,显然是料理粮食的。仓的右侧壁上有黑底填红正楷直书"凌氏墓用"。依壁分立二人,高 3.7 厘米。这也是护仓的侍俑。

全仓部分施青釉,部分施红釉,并以青、红彩绘点缀装饰。青料呈蓝灰色,釉里红呈紫红或红褐色,色彩调配庄重,使整个楼阁亭台浑然一体,凝重秀丽。

此楼阁高低相错,主次有序,充分表现了元代时期江南木结构建筑的特色,也表现了我国古代人民精湛的技艺。它是 5000 年中华文明的记录,是历史长河中的一个珍品。

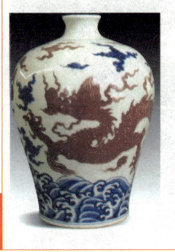

知识链接

青花釉里红瓷

釉里红系创烧于 630 多年前的元末,流行于明初。由于釉里红烧制难度大、成品率低的缘故,至明中期后便逐渐消失了。在雍正、乾隆期间,又推出了青花釉里红。所谓青花釉里红,是将青、红两种釉下彩绘于同一器物上的装饰。在透明釉的覆盖下,经高温煅烧而成。改变了以前只绘一色的单调。青红两色互相衬托,显得分外妖娆,令人赏心悦目。清康熙年间又烧制成功了失传已久的釉里红,其呈色较为稳定。到雍正期间,色调鲜红的釉里红,显色稳定精美;所绘制的图案,烧制后线条清晰,可谓达到了炉火纯青的地步。

睡虎地秦墓竹简

科普档案 ●考古发现:睡虎地秦墓竹简　●出土地点:湖北省云梦县　●出土时间:1975 年

> 睡虎地秦墓竹简写于战国晚期及秦始皇时期,反映了篆书向隶书转变阶段的情况,内容主要是秦朝时的法律制度、行政文书、医学著作以及关于吉凶时日的占书,对于研究中国书法及秦帝国各方面的发展历史提供了翔实的资料。

　　睡虎地秦墓竹简,又称睡虎地秦简、云梦秦简,是指 1975 年 12 月在湖北省云梦县睡虎地秦墓中出土的大量竹简,这些竹简长 23.1~27.8 厘米,宽 0.5~0.8 厘米,内文为墨书秦篆,写于战国晚期及秦始皇时期,反映了篆书向隶书转变阶段的情况,其内容主要是秦朝时的法律制度、行政文书、医学著作以及关于吉凶时日的占书,为研究中国书法、秦帝国的政治、法律、经济、文化、医学等方面的发展历史提供了翔实的资料,具有十分重要的学术价值。

　　1975 年 11 月初,云梦县肖李村农民张泽栋与同伴在云梦睡虎地修建排水渠道时发现新开的渠道里有一段青黑色的泥土,他认为这种泥土与两年前云梦大坟头出土古墓的泥土一样,初步断定睡虎地葬有古墓,于是抢起锄头挖了几下,渠道里便现出了一角椁盖板。"这里有文物!"他们顾不得回家,飞也似地跑到县文化馆去报告。情况迅速逐级上报。接到汇报后,省博物馆专家陈振裕和陈恒树领着考古队赶到了云梦。1975 年底至 1976 年春,湖北省地市考古工作者来到云梦楚王城西郊的睡虎地,发掘工作正式开始。在 30 米长的地段,明显地暴露着 12 座古墓,发掘进展顺利,每天都有新的收获。出土的器物,以漆器、木器、铜器、陶器居多。首次发掘出秦代木椁墓 12 座,共出土精美文物 370 余件。特别是其中 11 号秦墓地内,一具成人骨架的四周摆放着大量竹简,考古人员小心翼翼地将骨架连同四周的竹简原封不动

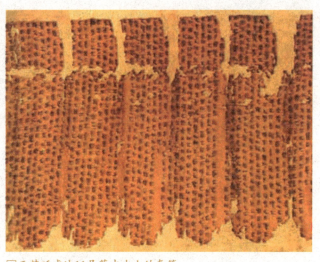

□云梦睡虎地11号墓中出土的秦简

地转移到县文化馆，拍照、登记、清洗，并电告国家文物局。很快，北京派来了重量级学者李学勤等人。经过20多个日夜，李学勤很快确定了这1155枚竹简的基本内容。

秦简的出土，似惊雷震动了全国学术界、新闻界，从此，云梦这个名字再度蜚声中外。云梦睡虎地11号墓中出土的1155枚秦简，近4万字，为秦始皇时期手书。但反映的历史长达100余年，早到商鞅变法，晚到秦始皇三十年（前217年）。这批秦简绝大多数保存完好，整简一般长为23.1~27.8厘米，宽为0.5~0.8厘米。简文为墨书秦隶，字迹清晰端秀，笔画浑厚朴拙。有的简两面均有墨书文字，但大部分只书于篾黄上。竹简系用细绳分上、中、下三道，将竹简按顺序编组成册的。这批秦简的内容非常丰富，经专家研究整理，共归纳为《编年纪》《南郡守腾文书》《秦律十八种》《效率》《秦律杂抄》《法律答问》《治狱程式》《为吏之道》8种。其中一部分简文上还署有标题。主要是关于秦的统一战争，秦的中央集权制度，以及统一度量衡和统一货币等各个方面的内容。此外，还有关于医学、哲学、"五行"学说等方面的内容。

这些竹简是我国首次发现的大量秦代竹简，有一半以上是关于秦代的法律，它是我国迄今发现的最早最完整的法典。云梦秦简的出土，具有重大意义。在此之前，还未出土过秦简。历史学家对于秦朝的法律制度了解很少，因为秦朝统一以后所制定的很多法律都已散失，而现存的古典文献中记载的只是不成体系的一些片段，无法了解全貌。云梦秦简的发现正好填补了这一空白。这批竹简是研究秦文化难得的实物资料，极大地弥补了秦史料的不足，有助于秦文化的深入研究。秦简的发现对于研究秦代的政治、经济、军事和文化等各个方面，都具有重要的学术价值。其数量之多、内容之丰富，都是空前的。

云梦秦简还具有极高的艺术价值。秦简文字书法承篆启隶，是我国最早的隶书。从简中可以看出其脱胎于秦篆，形体中仍保存有大量的母体痕迹，篆隶混杂，秦隶在破坏、肢解秦篆的书写方式中，尽管仍留有大量的篆书圆笔中锋的笔法，但比青川木牍隶化的特征更为明显。汉代隶书中的掠笔、波挑、不同形态点的笔法等在简中都已出现，部分简上还有明显的连笔意识。与石刻文字相比，此简更直接体现了毛笔运动的丰富性。从青川木牍、天水放马滩秦简到云梦睡虎地秦简之间我们可以清晰地看到秦篆至古隶的演变过程。

秦简对书籍的书写顺序和装订格式也有极大影响。没有简牍，恐怕不可能有后来的竖式书写。编绳的连接作用，直接启发了后来的线装书。天地头的留空、页数字数的标明，标题、署名都为后来的版式提供了源头。由此观之，简牍的形制对后世图书出版业的影响是很大的。

不论是专家，还是市民，都为湖北有这样的国宝而自豪。云梦的同志说，弘扬民族文化，就要大力宣传这些国宝，让它鞭策我们，不要躺在古代文明成果上睡大觉，从而激励我们在今天的经济建设中，为后世留下历史财富。

📖 知识链接

竹简的起源

竹简，战国至魏晋时代的书写材料，是削制成的狭长竹片(也有木片)，竹片称简，木片称札或牍，统称为简，现在一般说竹简。在湖南长沙、湖北荆州、山东临沂和西北地区如敦煌、居延、武威等地都有过重要发现，其中居延出土过编缀成册的东汉文书。竹简是我国历史上使用时间最长的书籍形式，是造纸术发明之前以及纸普及之前主要的书写工具，是我们的祖先经过反复的比较和艰难的选择之后，确定的文化保存和传播的媒介，这在传播媒介史上是一次重要的革命。

七色康熙圣旨

科普档案 ●考古发现：七色康熙圣旨　●出土地点：沈阳　●所属年代：清康熙二十年(1682年)

在沈阳发现的康熙七色圣旨所采用的布料是清康熙时"江宁织造府"专供皇宫颁发圣旨而织就的提花锦缎，分黄、红等七色，全长近3米，织锦上均匀地分布着朵朵祥云图案，颇具史料价值的同时，也极具艺术欣赏价值。

可能大多数人都以为，圣旨就是黄色的。其实，真正的圣旨并不是全黄色，而是五颜六色的，颜色越多级别越高。圣旨分为三色织锦、五色织锦和七色织锦3种。七色织锦是最为珍贵的一种。多彩圣旨颁发给五品以上官员，有金黄、大红、咖啡、赭石、橘黄等色，锦缎底纹一般有仙鹤、狮子、卷云等图案，看起来绚丽多姿、雍容华贵。发给五品以下官员的圣旨颜色单一，为纯白绫。圣旨均为33厘米宽，长的约5米，短的约3米。

我们现在能够见到的大多是清代圣旨，圣旨上钤盖的玉玺多为满汉合璧，满文在左汉文在右，圣旨多用墨和朱砂分别书写，极个别的圣旨会加用第三种文字，如藏文、蒙古文等。

在沈阳发现的康熙七色圣旨全长近3米，分黄、红等七色，织锦上还均匀地分布着朵朵祥云图案。从内容上看，这是清康熙二十年(1682年)十二月二十四日，

□沈阳发现的康熙七色圣旨

皇帝表彰当时盛京一级防御阿克占的母亲阿克占氏，册封她为诰命夫人。圣旨所采用的布料是清康熙时"江宁织造府"专供皇宫颁发圣旨而织就的提花锦缎。

□ 多彩圣旨颁发给五品以上官员

沈阳的这件七色圣旨用满汉两种文字书写，汉文从右向左写，满文从左向右写，两种文字均向圣旨中间延伸，书写结束后，钤上皇帝玉玺。这是清代圣旨的统一书写格式。书写圣旨者是由皇帝从进士中亲自选拔出来的最优秀者——"庶吉士"来承担的。由于圣旨从拟稿到缮写都是顶尖文化高手，因而圣旨在颇具史料价值的同时，也极具艺术欣赏价值。如今皇帝诰命大多收藏在中国历史档案馆，流传在民间的极少，这件康熙年间文物价值很高的圣旨，经过这么漫长的时间能够流传并保存如此完整实属难得。

知识链接

圣 旨

圣旨是中国封建社会时皇帝下的命令或发表的言论。圣旨是中国古代帝王权力的展示和象征，其轴柄质地按官员品级不同，严格区别：一品为玉轴，二品为黑犀牛角轴，三品为贴金轴，四品和五品为黑牛角轴。圣旨的材料十分考究，均为上好蚕丝制成的绫锦织品，图案多为祥云瑞鹤，富丽堂皇。圣旨两端则有翻飞的银色巨龙作为防伪标志。作为历代帝王下达的文书命令及封赠有功官员或赐给爵位名号颁发的诰命或敕命，圣旨颜色越丰富，说明接受封赠的官员官衔越高。

唐代圆雕佛像头

科普档案 ●考古发现:圆雕佛像头 　●出土地点:成都大梵寺遗址所在地 　●所属时代:唐代

在成都大梵寺遗址所在地，发现了一座最大的唐代圆雕佛像的佛头。虽然历经千年时光，但其面容依然方中带圆，弯眉细长，眼神垂视，似乎蕴藏着无限睿智与慈祥。挺直的鼻子，厚长的双耳，嘴角上扬，流露着一丝会心的微笑。

佛教，起源于公元前 6 世纪的印度，汉时传入中国，并盛行起来。关于佛教题材的考古发现很多，成都市发现了一座最大的唐代圆雕佛像的佛头。

佛头最初发现于蒲江县鹤山镇金家村老年大学支校在建的戏台前，那里曾是大梵寺遗址所在地。在大梵寺遗址考古挖掘现场，500 多平方米的挖掘现场分布在一块水泥地的两侧。一侧挖掘现场已挖出了纵横交错的几条沟。据文管所人员介绍，这是大梵寺曾经建立的地基。另一侧，戏台前，一个 5 米长、3 米宽、2 米多深的大坑就是佛头出土的现场。

蒲江县文管所的有关人员说，佛头被当地村民挖出来的时候依然保存

□ 出土的佛头

完好，青石材质的佛头高 80 厘米、宽 50 厘米、厚 55 厘米，重 250 千克，头上细螺髻，额上有白毫相。虽然历经千年时光，但其面容依然方中带圆，弯眉细长，眼神垂视，似乎蕴藏着无限睿智与慈祥。挺直的鼻子，厚长的双耳，嘴角上

扬,流露着一丝会心的微笑。

成都市考古研究所勘探发掘一部主任刘雨茂说,蒲江曾多次发现过唐代摩崖造像,可发现如此大的圆雕佛像,在该县乃至成都市尚属首次。因为一直没有找全该佛像的佛身,因此刘主任初步估计该佛像身高应在4~5米。

因为遭到自唐朝开始的历次毁佛运动,发现的佛像多是身首异处,要不只是有佛身,要不只是有佛头。尤其是这尊大佛头,其佛身到目前都还没有找全,能否还原佛像本身成为大家的企盼。

此地除了大佛头外,还出土了寺院当年建设时留下的建筑材料,雕刻有精美的香炉和造型各异的佛龛,以及一些身着精致服饰的飞天、力士造型的石雕。然而,因为佛像身首异处,至今没有寻找到佛身,所以留下了一些悬念。刘主任说,目前虽然发现了部分大型石雕残体,但并不能判断其就是佛身,还有待进一步发掘工作后将这些残体组合,看能否合为完整佛身。他同时表示,佛身因为遭遇毁佛运动,也不排除会被深埋异处的可能。如果真的可以找全佛身,这尊大型唐代圆雕佛像将成为"冲刺"国宝级的文物。

大梵寺从唐代到近代跨越上千年历史,汇聚了各朝代的佛教艺术,有极高的艺术价值。尽管大佛的佛身还没有找到,但是,可以肯定的是,这个佛头是成都市目前发现的最大的唐代圆雕佛头,其历史价值和艺术价值都非常高。

📙 知识链接

西安大梵寺

大梵寺,西安地名,位于西安城区东南部,为唐代著名的曲江皇家园林所在地,境内有曲江池、大雁塔及大唐芙蓉园等风景名胜古迹。曲江是中国古代园林及建筑艺术的集大成者,被誉为中国古典园林的先河之一。

新石器时代的石器

科普档案 ●考古发现：新石器时代的石器 ●发现地点：海南陵水黎族自治县新村镇南湾村的猴岛

新石器时代是史前人类文化演进的最后阶段，是以使用磨制石器为标志的人类物质文化发展阶段。石贡海南新石器时代沙丘遗址位于陵水黎族自治县新村镇南湾村的猴岛，属于海南新石器时代中期文化遗存。

新石器时代是以使用磨制石器为标志的人类物质文化发展阶段。新石器时代是史前人类文化演进的最后阶段，有3个基本特征：开始制造和使用磨制石器；发明了陶器；出现了农业和养畜业。年代大约从距今1万多年以前开始，结束时间为距今5000多年至2000多年不等。

初步推算，海南岛新石器时代最早约在6000年前。石贡海南新石器时代沙丘遗址位于陵水黎族自治县新村镇南湾村的猴岛，属于海南新石器时代中期文化遗存。据专家介绍，4000多年前中原地区已进入奴隶社会，而海南还处于新石器时代，因此遗址须称为海南新石器时代沙丘遗址。海南省文物考古研究所组队对陵水新村石贡海南新石器时代沙丘遗址进行了考古发

□新石器时代的石器

掘,考古队由省博物馆研究员郝思德带队,此次发掘共掘探方5个,总面积达200平方米,专家在探方中发现了七八处当时居民的灶的遗迹,三块摆成品字形的石头上有烟迹,旁边还有做饭用的陶釜残片。另外,发现有大量陶片堆积和面积达三四平方米的石块堆积,排列整齐,其用途还有待进一步研究。其中,石刀和石璧为海南首次发现。

此次考古发现石器几十件,磨制技术较成熟。磨制石器有石锛、石凿、石斧、石刀和石璧等。石璧是以石制成的装饰物,为环形。打制石器有砍砸器、刮削器、石核等。出土陶片的数量很大,约有上千件。大部分为夹沙陶,以红褐陶为主,也有少量黄褐、灰褐、褐色和红衣陶,大部分为泥片贴铸而成,火候较低。器型不规整,有罐、釜、杯、碗、钵等,大部分为环底器,部分为圈足、高圈足和平底器。纹饰有刻画和拍印的菱形纹、方格纹、水波纹、弦纹和绳纹等。另外还发现少量的贝壳兽骨。

郝思德介绍说,这些遗址和遗物反映了海南新石器时代中期的主要经济生活情况,如采集、捕捞、狩猎等。遗存与岭南同时期新石器时代文化比较相近,通过研究这些遗物,我们可以判断出两者之间是否存在文化交流。

📕 知识链接

新石器时代

　　新石器时代,在考古学上是石器时代的最后一个阶段,是以使用磨制石器为标志的人类物质文化发展阶段。这一名称是英国考古学家卢伯克于1865年首先提出的。这个时代在地质年代上已进入全新世,继旧石器时代之后,或经过中石器时代的过渡而发展起来,属于石器时代的后期。年代大约从距今1万多年以前开始,结束时间为距今5000多年至2000多年不等。

半块晋代牙板

科普档案 ●考古发现：半块牙板 ●出土地点：江西高安县大城水库附近的村庄 ●所属时代：晋代

晋许真君仙茅崇拜双向牙板是在南昌发现的半块牙板。由于年代久远，其呈深黄到浅棕色分布不等，已经裂成两片，牙板两面都刻有图像。根据考古研究中的方法分析，其年代属两晋时期，牙板上所刻人物为道教四大天师之一的许逊。

□ 牙板

牙板也称笏，由象牙制成，多用于封建官吏上朝或表示某种信仰。

南昌发现的半块牙板被定名为"晋许真君仙茅崇拜双向牙板"，长约22厘米，中部宽约5.2厘米。由于年代久远，其呈深黄到浅棕色分布不等，已经裂成两片。牙板两面都刻有图像。一面是坐姿人物像，其比例精确，面容清秀、披头、后有背光，和福建泉州草庵中目前世界唯一保存下来的西亚摩尼佛石雕像类似。同时，所刻人物右脚踩蛇，左脚踏龟。牙板另一面是器皿植物像。器皿盘口、束颈、鼓腹、矮圈足，是典型西晋盘口器造型；器皿内的植物有6片叶子，花呈五角星状，与《本草纲目》中对一种名为"仙茅"的植物的描述一致。

这块牙板是由私人收藏家侯玉军先生偶然收购到的,出土于江西高安县大城水库附近的村庄。江西省知名考古学家陈江介绍,根据这半块牙板的质地和颜色,以及同时出土的两只滑石猪,可以判定其年代属两晋时期。这一判断已经得到了江西省收藏研究协会会长刘新园先生的认定。

根据考古研究中的图像分析法和植物分类学,牙板上所刻人物从其背光、含有西亚文化元素的绘画风格、脚下所踩龟和蛇综合判断,其与道教四大天师之一许逊的主要传说和时代背景类似;另外,所刻植物也和许逊崇拜仙茅的记载一致。因此,这半块牙板上所刻人物为许逊无疑,牙板也是尊许逊为祖师的净明道最早的仙茅崇拜图实物。

以前的许逊前史研究仅停留在宋元时期的追述和描述,是口口相传,查无实据的。而此次发现的牙板是研究许逊前史的唯一实物印证。以此为基础,将能首次科学地构筑许逊前史研究,并对赣文化研究带来革命性的影响。

从这块牙板承载的丰富信息来看,两晋时期净明道的早期民间信仰已经形成,虽然尚带有民间性、随意性和不确定性,但早期的教主崇拜和教仪、教规已经有迹可循;还表明早期的净明宗教受到一些西亚文化影响;同时,证明了宋元以来对净明宗教的追述有相当内容是可信的,如该宗教信仰逐步形成于两晋至南朝时期、早期的传教范围在南昌和高安方圆百里附近,以及许逊铁柱锁蛟的部分传闻。

净明道是道教正一道的一大传统宗派,于宋元年间在南昌西山兴起,全称"净明忠孝道"。许逊是净明道祖师,人称许真君,出生于南昌县长定乡益塘坡慈母里村,以忠、孝、仁、慈、忍、慎、勤、俭八字教化邻里。教义融摄儒道两家思想,因具有鲜明的民族文化传统特色而影响深远。许逊还留下了锁蛟退水、拔宅飞升等传说,他在南昌西山的隐居修道之地被后世尊称为"万寿宫",至今海内外已有1300多座同名道观。最早关于道教正一道的传统宗派——净明道的记载,一直仅停留在宋元时期对其创始人许逊的传说或教派内的教义上。

□净明道

随着这半块晋代牙板在南昌被发现，净明道的历史首次以实证的方式，由宋元时期上溯到两晋期间，提早了约600年。专家认为，这是中国道教研究和文物考古的重大发现。

📕知识链接

两晋时期

两晋形成于三国之后，由司马昭建立，"司马昭之心，路人皆知"，即描写其如何篡位；结束于公元420年刘裕篡东晋建立南朝宋。这一段纷争的历史称为两晋。两晋时期是战争频繁、政权分立、民族融合、思想活跃、文化灿烂的时期，是秦汉和隋唐的转折时期。

撒哈拉的艺术长廊

科普档案 ●**考古发现**:撒哈拉岩画　●**发现地点**:撒哈拉沙漠深处　●**时间**:20世纪30年代

　　20世纪30年代,在撒哈拉沙漠的深处,人们发现了大量刻在山洞的石壁上或裸露在岩石和山崖上的岩画。这些岩画虽然经过了几千年的风雨侵蚀,但大部分仍然保存完好,而且线条清晰,是考察和研究撒哈拉历史的珍贵文物。

　　在阿拉伯语中,"撒哈拉"就是荒凉之意。

　　撒哈拉大沙漠位于非洲北部,东起红海沿岸,西至大西洋,北起地中海,南部深入非洲大陆高原腹地;东西长达5600千米,南北宽约1600千米,总面积为960万平方千米,约占非洲总面积的32%,占全球沙漠总面积的一半,是世界上最大的沙漠。它的最低高度为海平面下132.9米,最高则达到海拔3400米,一般海拔200~500米。

　　在如此广袤辽阔的大荒漠中,除了极个别的点状绿洲外,到处都是黄色的沙子,一条条平行排列的沙垄,高度100多米,延伸达数百千米。像金

　□撒哈拉大沙漠

字塔一样的沙山,高高耸起,还有令人生畏的沙海,纵横千里,显示着大沙漠的浩瀚和壮观。

撒哈拉沙漠降水极少,是典型的热带干热气候。白天,烈日当空,气温急升,烤得沙丘如同火炉,鸡蛋放在沙堆上很快就可以烤熟,地表温度最高达 70℃。然而一到晚上,温度骤降,有时竟降到零下 15℃。这样强烈的温差,使裸露地表的岩石剧烈地热胀冷缩。每当夜晚,到处都可以听到岩石爆裂的声音。更令人胆战心惊的是沙丘和沙山也因为剧烈的胀缩,促使大堆的沙砾坠落下滑,使整个沙丘像山崩一样从高处轰然滚落下来,接着又激起一连串的连锁反应,使那闷雷般的轰鸣此起彼伏地在沙海中经久不息地回荡着,令人夜不能寐。

唐代大诗人王维奉命以监察御史的身份,到凉州河西节度使府第慰劳将士,曾写了一首《使至塞上》的诗,其中的"大漠孤烟直,长河落日圆"是流传千古的名句。他给我们描绘了一幅美丽的沙漠风光图:在广大无边的沙漠中远远看去,边塞上用作军事联络信号的烽烟格外地挺拔;那横贯在沙漠中长长的黄河和傍晚即将落山的太阳,大大的,圆圆的,茫茫苍苍让人感到温暖和亲切。不过,如果王维与考古学家经过长途跋涉,历经千辛万苦,来到非洲撒哈拉大沙漠的话,他绝不会以欣赏大漠的笔调,写下这两句神来之笔。

2000 年来,撒哈拉的河流和湖泊变小了,留下许多布满砾石的河床,植物普遍枯萎退化,动物被迫迁徙,气候越来越干燥,沙漠化的程度也越来越严重,日积月累地风化和冲刷着横亘绵延于沙漠中部达 700 多千米的雄伟奇特的塔西利·恩·阿耶山。天长日久,周而复始,大自然的鬼斧神工将整座大山割裂,风化得千姿百态,怪石嶙峋。横空出世的千仞石柱,岌岌可危的石桥,迷宫一般的小洞,森严峻峭的石壁,真可谓是光怪陆离,令人目不暇接。此外,阿耶山中还有存活数千年的海鱼和巨柏,丰富多彩、绚丽迷人的史前岩画。这些大漠中的"艺术长廊"是一部向世人展现这一地区沙漠化历程的生动画卷,具有很高的科学研究和艺术审美价值。令人惊叹不已的首先是,在这块连生存力极其顽强的野草都难以生长的干旱地带中,居然有

□撒哈拉岩画

活着的鳄鱼、鲍鱼和巨柏。

　　20世纪20年代，有一支考察队在阿耶山的一个山洞里捕捉到了一条大鳄鱼，在另外一些半干涸的岩洞里发现了地中海鲍鱼。由于沙漠地带的气候十分干燥，因此，为了适应这里严酷的自然环境和生存条件，地中海鲍鱼这一与世隔绝的稀有鱼种也在漫长的岁月里逐渐地改变了自己的生活习性，形成了自己独特的性状，成为撒哈拉鲍鱼，这充分体现了适者生存的自然规律。此外，在阿耶山的南坡生长着成片的巨柏，它们顶风抗旱，生长得粗壮挺拔，根深叶茂，很有生机。其中，有些巨柏树围6米以上。考古学家根据鳄鱼、鲍鱼和巨柏这些"活化石"有力地向世人证明：这一地区在几千年以前曾经有过与今日地中海沿岸极为相似的气候条件和地理环境。

　　20世纪30年代，法国一支远程探险队到撒哈拉沙漠探险。这天，他们来到阿尔及利亚东南部的塔西利。一天的沙漠跋涉，使队员们又渴又累，困乏不已。队伍只得在一条早已干涸了的河床边石荫下休息。突然，队长布雷南斯惊叫了起来。原来，在他躺下昏昏欲睡时，看到岩画上画着一只犀牛与真犀牛一样大小，呼之欲出。这个惊奇的发现，使布雷南斯激动不已。接着，他沿着河谷仔细寻找，又发现了许多岩画。他将发现的河马、大象、骆驼、长颈鹿、狮子、羚羊和头戴面具的人物等岩画一一描绘在记事本上。几个月之后，布雷南斯的这本记事本转到了考古学家亨利·洛德的手中。

亨利·洛德对此极感兴趣，并敏锐地意识到这一发现在考古学上的重要价值。他立即组织了一支考古队来到了撒哈拉沙漠的深处，对岩画进行了一系列考察，并运用现代科学技术对这些岩画进行了研究和分析。这些岩画或刻在山洞的石壁上，或绘制在裸露的岩石和山崖上，虽然经过了几千年的风雨侵蚀，但大部分岩画仍然得以保存下来，而且线条清晰，成为考察和研究撒哈拉历史的珍贵文物。

在这5000幅岩画中，最引人注目的是一幅120平方米的大型岩画，画面上的大象、狮子、长颈鹿和其他动物神态各异，惟妙惟肖。另外，面积约20平方米的一幅狩猎图也很有特色，上面画着135个人，正在追杀围猎一群飞奔如疾的羚羊。一只身负重伤的大犀牛鲜血淋淋，表露出痛苦绝望的神情，正在猎捕者的追杀下拼命抵抗和挣扎，给人以深刻的印象。

岩画向人们展示的是撒哈拉地区的一幅幅历史长卷。譬如在利比亚的乌德马西多斯和阿尔及利亚的恩阿杰尔伊赫伦等地发现的大量壁画，都是反映狩猎时期的艺术作品。绘制年代大约在距今8000年前。壁画上主要画的是大象、长颈鹿、羚羊等野生食草动物，甚至还有水牛在画面上出现。这些岩画至少可以说明当时的撒哈拉是一片水草丰美茂盛的大草原，自然条件湿润而多雨。在这样气候温暖、河流纵横的森林和草原地区里，不仅生长着种类繁多的植物和动物，而且为人类提供了很好的生活条件。在塔凯德杜马廷发现了一幅绘制得十分精致的牧牛图，至今大约有5000多年历史。从图上可以看出，当时人们养牛的规模很大，而且饲养技术已经非常进步，反映了放牧时期的特色。养牛业的发达，除了表明人类生产技术水平有提高之外，自然物质条件也是不可忽视的重要因素。

在丁阿尼乌因发现的一幅壁画，上面绘着一个男子驾驭着双马牵引的车辆在飞驰，这种车辆既可用于打猎，装载货物，也可用于战争。此外壁画上还有几个只在腰上缠着一块布，手执长矛围攻一头叼着羊的狮子的猎人和一个穿着阔袍、戴着有花饰头巾的人物，显然是地位较高的贵族。在这些壁画上出现了穿着统一制服、带着武器、排列整齐的军队。据分析，专家们认为这些壁画所表现的部落进行掠夺和战争的时间，距今约3000多年。

再往后，壁画的题材出现了商业贸易和马队运输的内容，特别值得注意的是，这时也有一些反映干涸和沙漠化的内容的作品，这些作品虽然很少，但至少也向人们提供了这样的信息：这时的撒哈拉已经成为即将被人类抛弃的荒漠地带。

但是壁画中没有出现一向被人们称为"沙漠之舟"的骆驼。据记载骆驼出现在非洲的时间在公元46年，显然在此之前，由于撒哈拉沙漠的生活条件迅速恶化，人们不得不迁往他乡。于是撒哈拉岩画的创作也到此结束了。

这些遗留在塔西利·恩·阿耶山石壁上的数千幅生动逼真、栩栩如生的史前岩画，半个世纪以前，还与世隔绝着。现在，它终于出现在世人的眼前。那么，谁是这些形象生动、绘制精巧的史前岩画的作者呢？

马里驻联合国教科文组织的代表，一个班乌尔族人在看了那些只有头和身躯、没有腿的牛的岩画后指出，这些奇特的画可能和班乌尔人的传统信仰有关。班乌尔人认为牛来自水中，因此，在一年一度的洛托里节，班乌尔人把牛牵到池塘中，而牛到了水中，腿部自然就看不见了。这些解释是否就是答案？人们还难以下定论，有待考古学家们继续探讨。

📖 知识链接

撒哈拉岩画

在非洲北部，北起阿特拉斯山脉，南至热带雨林，西起大西洋，东抵红海的广大地区，以及包括今南非、莱索托、马拉维、赞比亚、津巴布韦、博茨瓦纳、纳米比亚、安哥拉直到坦桑尼亚的南部非洲都发现了大量石器时代的岩画和岩雕。这些非洲史前艺术珍品具有独特的魅力，表明了非洲古代居民具有高度的创造力和丰富的想象力。

法老墓中的白葡萄酒

科普档案 ●考古发现：白葡萄酒 ●发现地点：埃及图坦卡门陵墓 ●所属时期：公元前14世纪

西班牙巴塞罗那大学的罗莎·拉缪拉·拉文托斯和她的同事用液体色谱法和质谱分析法对图坦卡门陵墓中六个罐子中的残留物进行了分析。结果发现有五个罐子中装的是白葡萄酒。这表明图坦卡门的时代的确有白葡萄存在。

"葡萄美酒夜光杯，欲饮琵琶马上催。醉卧沙场君莫笑，古来征战几人回。"王翰的《凉州词》给我们描绘了一幅豪迈的西域风情画。那么，词中所描述的葡萄酒又是从何时开始酿造呢？

西班牙巴塞罗那大学的罗莎·拉缪拉·拉文托斯和她的同事用液体色谱法和质谱分析法对图坦卡门陵墓中六个罐子中的残留物进行了分析。结

□埃及图坦卡门陵墓

果发现所有的残留物中含有酒石酸，这是一种葡萄特有的化学物质，而只有一只罐子中的残留物含有丁香酸，这是红葡萄皮中的化学物质。正是红葡萄的这层皮才使得红葡萄酒成了红色。

剩下的五个罐子中的残留物都没有这种化学物质，这表明里面装的是白葡萄酒。同时由于古埃及酿酒人不可能像现代酿酒人那样将红葡萄的皮去除掉，因此这表明图坦卡门的时代的确有白葡萄存在。

在古埃及，人们常常会将红葡萄酒放在墓中以陪伴死者身后的岁月。现在，通过这项研究可以证明那时白葡萄酒也肯定被列在了人们的菜单之上。墓中的罐子似乎是当年安葬年轻法老图坦卡门的人为他准备的上好的白葡萄酒，以供他在死后享用。而这绝对是一个惊人的发现。因为埃及最早出现白葡萄酒的记录是在公元3世纪，也就是这位年轻的法老死后1600年。罗莎·拉缪拉·拉文托斯说："在那时，白葡萄酒肯定被认为是非常好的饮料。"在图坦卡门陵墓中的发现无疑对我们研究葡萄酒的历史提供了佐证。

如果，葡萄酒真的在图坦卡门的时代就已经存在，那葡萄酒在埃及的历史将被改写。

📕 **知识链接**

白葡萄酒

白葡萄酒，用霞多丽、雷司令等白葡萄或皮是红色的红葡萄榨汁后发酵酿制而成，色淡黄或金黄，澄清透明，是具有浓郁果香、口感清爽的葡萄酒饮品。酒度12%，糖分1.5%以下，卫生指标符合国家规定，酒液呈果绿色，清澈透明，气味清爽，酒香浓郁，回味深长，含有多种维生素，营养丰富，具有舒筋、活血、养颜、润肺之功效。

世界最古老的船只

科普档案　●**考古发现**：世界上最古老的古埃及船遗物　　●**发掘地点**：埃及红海边

　　在埃及红海岸边萨法加港附近一个名为瓦迪加瓦西斯的沙漠断崖上的人造洞穴中，一个考古小组发掘出距今约4000年历史的古埃及船遗物。据认为，这是迄今为止发现的世界上最古老的航海船遗物。这些发掘显示出古埃及人非凡的航海能力。

　　一个考古小组在埃及红海岸边发掘出距今约有4000年历史的一些古埃及船遗物。据认为，迄今为止，这是考古学家发现的世界上最古老的航海船遗物。除船板外，这些遗物中还有古代船只上运送货物用的箱子、锚、成卷的绳索以及其他航海用具。考古学家们猜测，此处很可能是一处古老的军事管理地区。

　　这些船只遗物是在位于埃及萨法加港附近一个名为瓦迪加瓦西斯的沙漠断崖上的6个人造洞穴中被发现的。考古小组的成员之一、美国佛罗里达州立大学的考古学家谢丽尔·沃德在接受美国《生活科学》采访时说，这些发掘物所属的年代非常了不起。类似独木舟等有些年头的船只在世界各地都曾找

□世界上最古老的古埃及船遗物

到过，但是这些是年代最久的海船。

考古学家们发现，在一些货物盒子上刻有古老的象形文字和图画，而这些雕刻显示出它们大多来自同一个地方，那就是古埃及富有传奇色彩的神秘城市——邦特。沃德说，很明显，这个时代的埃及人经常出海，尽管这是一项大任务，但现实的地理条件让他们不得不这样做，因为如果靠车辆运送物资穿越沙漠的话，那可能需要几千人才能做到。所以，这些发掘出土的船只遗物显示出了古埃及人非凡的航海能力。沃德说："考古界一直普遍认为，尽管古埃及人曾常常乘小舟顺着尼罗河旅行，但他们不具备长途航海的技术能力。然而，在瓦迪加瓦西斯发掘出的这些证据也许意味着，古埃及人实际上是一群杰出的航海家，就像在他们之后的希腊人和罗马人一样。"

沃德说："这些洞穴更像是我们今天的飞机修理库。如果所有的飞机都离开修理库，会剩下什么呢？零件、工具和各种材料，这里也是一样的。"考古学家们发现，古埃及人会对船只部件进行循环利用。洞穴中的一些剩余木材显示，每当船只经过数月航行最终返回时，它们会被送往洞穴进行拆卸，工人们检查船只各个部位的破损和断裂情况。有些损坏太严重的部分就丢弃，而那些较为完好的部分则留作未来造船之用。

📖 **知识链接**

尼罗河

尼罗河是一条流经非洲东部与北部的河流，与中非地区的刚果河以及西非地区的尼日尔河并列为非洲最大的三个河流系统。尼罗河长6670千米，是世界上最长的河流。尼罗河有两条主要的支流，白尼罗河和青尼罗河。发源于埃塞俄比亚高原的青尼罗河是尼罗河下游大多数水和营养的来源，但是白尼罗河则是两条支流中最长的。

汉穆拉比法典

科普档案 ●考古发现:汉穆拉比法典●发现地点:伊朗西南部苏撒的古城旧址●时间:1901年

《汉穆拉比法典》是古巴比伦王国第六代国王汉穆拉比颁布的一部著名法典,是世界上所发现的最早的比较完整的成文法典,是人们研究古代巴比伦经济制度与社会法治制度的极其重要的文物,同时还是古代巴比伦艺术的代表。

　　《汉穆拉比法典》是目前所知的世界上第一部比较完整的成文法典。法典竭力维护不平等的社会等级制度和奴隶主贵族的利益,比较全面地反映了古巴比伦社会的情况。法典分为序言、正文和结语三部分。正文共有282条,内容包括诉讼程序、保护私产、租佃、债务、高利贷和婚姻家庭等。

　　1901年12月,由法国人和伊朗人组成的一支考古队,在伊朗西南部一个名叫苏撒的古城旧址上,进行发掘工作。一天,他们发现了一块黑色玄武石,几天以后又发现了两块,将三块石头拼合起来,恰好是一个椭圆柱形的石柱。石柱2.5米高。它的上方刻着两个人的浮雕像:一个坐着,右手握着一根短棍;另一个站着,双手打拱,好像在朝拜。石柱的下部,刻着像箭头或钉头那样的文字。经考证,这正是用楔形文字记录的法律条文——《汉穆拉比法典》。石碑由三块黑色玄武岩合成,高2.25米,上部周长1.65米,底部周长1.90米。石碑上部是太阳神、正义神沙玛什授予汉穆拉比国王法典的浮雕,高0.65米、宽0.6米。浮雕下面是围绕石碑镌刻的法典铭文,共3500行,楔形文字是垂直书写的。

　　《汉穆拉比法典》是世界上所发现的最早的成文法律条文,是人们研究古代巴比伦经济制度与社会法治制度的极其重要的文物;同时,它还是古代巴比伦艺术的代表,尤其因为古巴比伦王国流传下来的艺术品十分罕见,所以这个石碑就更加显得格外珍贵,石碑的雕刻比较精细,表面高度磨光。石碑上刻满了楔形文字，全文共282条，对刑事、民事、贸易、婚姻、继承、审判制度等都做了详细的规定。法典的上部是巴比伦人的太阳神沙玛什向汉穆拉比国王授予法典的浮雕。太阳神形体高大，胡须编成整齐的须辫，头戴螺旋形宝冠，右肩袒露，身披长袍，正襟危坐，正在授予汉穆拉比象征权力的魔标和魔环；汉穆拉比头戴传统的王冠，神情肃穆，举手宣誓。太阳神的宝座很像古巴比伦的塔寺，表示上面所坐的是最高的神。

□汉穆拉比法典

《汉穆拉比法典》是古巴比伦王国第六代国王汉穆拉比（公元前1792~公元前1750年在位）颁布的一部著名法典。众所周知，古巴比伦王国位于幼发拉底河和底格里斯河流域，大体相当于今天的伊拉克，如果这部法典是"真身"，又怎么跑到伊朗的苏撒去了呢？

原来，公元前3000年，在今天伊朗迪兹富尔西南的苏撒盆地有一个强大的奴隶制王国，叫埃兰（又译"依兰"），古城苏撒就是埃兰王国的首都。公元前1163年埃兰人攻占了巴比伦之后，便把刻着汉穆拉比法典的石柱作为战利品搬回了苏撒。埃兰王国后来被波斯灭亡。公元前6世纪波斯帝国国王大流士上台，又把波斯帝国的首都定在苏撒，这个石柱法典便又落到了波斯人手中。

在石碑被"验明正身"之后，人们又产生了新的疑惑：发掘出来的圆柱正面7栏（法典第66~100条）的文字怎么被磨光了呢？据史料记载，埃兰国王攻克了巴比伦后，自感成就非凡，不甘身死名逝，于是打算在这巨大的圆柱石碑正面刻上自己的丰功伟绩。可是，毁去上面的字迹后并没刻上新字，这就不知为何了。多亏埃兰王"手下留情"，石碑原文保存良好，仅有35条被磨损。后来在苏撒、亚述等地发现了法典的泥抄本片断，从而使石碑被磨损的部分几乎全部得以补齐复原。否则"世界上迄今为止第一部较为完备的成文法典"之美名恐怕要"花落他家"了。这部法典由序言、正文(282条)和结语三部分(共3500行)组成。内容涵盖从道德到国家义务,到私人社会生活的各个领域,其内容包括诬陷、盗窃、窝藏、抢劫、兵役、租地、关于土地的经济纠纷、果园、商贸、托送、人质、债务、寄存保管、婚姻、继承、收养、人身伤害、医疗、理发、建筑、船业、租赁业、委托放牧、雇工、关于奴隶的纠纷等,涉及面之广,规定之细,令后人赞叹不已。法典石碑石质坚硬,书法精工,属于巴比伦第一王朝的典型官方文献。石碑现藏法国巴黎罗浮宫博物馆。

《汉穆拉比法典》作为流传至今的楔形文字法中最为完整的一部法典,较为完整地继承了两河流域原有的法律精华,使其发展到完善地步。它公开确认奴隶主阶级的统治地位,严格保护奴隶主阶级的利益,并对各种法律关系作了比较全面的规定,特别是有关债权、契约、侵权行为、家庭以及刑法等方面的规定所确立的一些原则:如关于盗窃他人财产必须受惩罚,损毁他人财产要进行赔偿的法律原则以及诬告和伪证反坐的刑罚原则,法官枉法重处的原则等,均对后世立法具有重大影响。《汉穆拉比法典》不仅被古代西亚国家如赫梯、亚述、新巴比伦等国家继续使用,而且还通过希伯来法对西方法律文化产生了一定的影响,中世纪天主教教会法中的某些立法思想和原则便源于该法典。

🔖知识链接

汉穆拉比

汉穆拉比,是巴比伦第一王朝的第六代国王(公元前1792~公元前1750年在位),自称"月神的后裔",是古巴比伦最伟大的国王。在一连串战争中,他击败邻国,将巴比伦的统治区域扩展至整个两河流域(美索不达米亚)。他制定的反映奴隶主统治阶级利益的法典——《汉穆拉比法典》,为后人研究古巴比伦社会经济关系和西亚法律史提供了珍贵材料。汉穆拉比被后世誉为古代立法者,在世界历史上具有重要影响。

最古老的石棺

科普档案　●**考古发现**:最古老的石棺●**发现地点**:埃及吉萨高地金字塔区●**所属时代**:埃及的第四王朝时代

> 埃及考古学家在吉萨高地金字塔区内发现了一具有4500年历史的石棺。它是迄今为止发现的最古老的石棺。它存在的时代是埃及的第四王朝时代,比图坦卡门墓葬早了千余年。考古学家猜测,这具古棺的主人是金字塔的建造者。

　　埃及考古学家在吉萨高地金字塔区内发现了一具有4500年历史的石棺。它是迄今为止发现的最古老的石棺。更惊人的是,石棺里可能还有一具同样古老的木乃伊。它的发现对揭开埃及金字塔的建造之谜或许大有帮助。

　　这具4500年来没有被人动过的石棺长2米,宽1米,埋在吉萨高地金字塔区的东南角。墓主人生活的时代是埃及的第四王朝时代(公元前2613

□最古老的石棺

年至公元前 2494 年）。比图坦卡门墓葬早了千余年。

考古学家猜测，这具有 4500 年历史的古棺的主人不是国王，而是金字塔的建造者。实际上，埃及考古人员先后在吉萨地区三座金字塔附近发现过大约 150 座金字塔建造者的坟墓，但却从来没有发现过像这样没有被打开仍密封的古棺。除了这具石棺外，装盛石棺的坟墓内还有一条石块砌的走廊，与吉萨高地的金字塔内部结构相吻合。墓葬室是用整块的石头刻出来的，并且有两扇门，像是供死者的灵魂出入墓室用。这一结构与胡夫金字塔的墓葬室结构一样。

尽管石棺里不会有金银财宝，可能只是一具木乃伊，但这具木乃伊发现的意义远比一大堆的金银财宝大得多，因为这将进一步证明，充满难解之谜的埃及金字塔是古埃及人民自己建造的，而非外星人或者失落文明部落的杰作。

千百年来，埃及金字塔到底是如何建造的这个问题一直困惑着全世界的人民。如第四王朝法老胡夫的金字塔，原高 146.59 米，这座金字塔的底面呈正方形，每边长 230 多米，绕金字塔一周，差不多要走 1 千米的路程。更让人惊奇的是，塔身的石块之间，没有任何水泥之类的黏着物，而是一块石头叠在另一块石头上面的。每块石头都磨得很平，至今已历时数千年，人们也很难用一把锋利的刀刃插入石块之间的缝隙。

另外，在大金字塔身的北侧离地面 13 米高处有一个用 4 块巨石砌成的三角形出入口。正因为有了三角形，才使巨大的压力均匀地分散开了。在 4000 多年前对力学原理有这样的理解和运用，而且有这样的构造，是十分了不起的。胡夫死后不久，在他的大金字塔不远的地方，又建起了一座金字塔。这是胡夫的儿子哈夫拉的金字塔。塔的附近建有一个雕着哈夫拉的头部而配着狮子身体的大雕像，即所谓狮身人面像。除狮身是用石块砌成之外，整个狮身人面像是在一块巨大的天然岩石上凿成的。它至今已有 4500 多年的历史。如此巨大的金字塔由成千上万块重达 2000 吨的巨石构成。现代的人无法想象，这些巨石到底是如何垒起来的。对于金字塔如何建成的有千百种说法，其中有四种典型的说法：

□狮身人面像

猜测一：百万奴隶劳作的结果

人称"西方史学之父"的希罗多德曾记载，建造胡夫金字塔的石头是从"阿拉伯山"（可能是西奈半岛）开采来的，修饰其表面的石灰石，是从河东的图拉开采运来的。因为当时人们并没有炸药，也无钢钎。埃及人当时是用铜或青铜的凿子在岩石上打眼，然后插进木楔，灌上水，当木楔子被水泡胀时，岩石便被胀裂。从采石场运往金字塔工地也极为困难。古代埃及人是将石头装在雪橇上，用人和牲畜拉。为此需要宽阔而平坦的道路。修建运输石料的路和金字塔的地下墓室就用了 10 年的时间。古埃及奴隶是借助畜力和滚木，把巨石运到建筑地点的，他们又将场地四周天然的沙土堆成斜面，把巨石沿着斜面拉上金字塔。就这样，堆一层坡，砌一层石，逐渐加高金字塔。建造胡夫金字塔花了整整 20 年的时间。

猜测二：地外文明的杰作

由于建造金字塔之说尚有许多难以解释之处，所以，有人把神秘的金字塔同变幻莫测的飞碟上的外星人联系起来。他们认为，在几千年前，人类不可能有建造金字塔这样的能力，只有外星人才有。他们经过推算还发现，通过开罗近郊胡夫金字塔的经线把地球分成东、西两个半球，它们的陆地面积是相等的。这种"巧合"大概是外星人选择金字塔建造地点的用意。

猜测三：失落文明部落的遗产

还有人把金字塔与神秘学联系起来，认为金字塔是地球前一次高度文明社会灭亡后的遗产，或者是诸如大西洲之类已经毁灭的人类文物的遗留物。

猜测四：混凝土浇灌的结果

法国人约瑟·大卫杜维斯提出了他惊人的见解，声称金字塔上的巨石是人造的。大卫杜维斯借助显微镜和化学分析的方法，得出结论：金字塔上的石头是用石灰和贝壳经人工浇筑混凝而成的，其方法类似今天浇灌混凝土。由于这种混合物凝固硬结得十分好，人们难以分辨出它和天然石头的差别。此外，大卫杜维斯还提出一个颇具说服力的佐证：在石头中他发现了一缕约1英寸长的人发，唯一可能的解释是，工人在操作时不慎将这缕头发掉进了混凝土中，保存至今。但更多的学者则对此提出了质疑，他们说：既然开罗附近有许多花岗岩山丘，那么，古埃及人为什么要舍此而去用一种复杂的操作方法来制造那难以计数的石头？

无论是地外文明，还是高智能生物，我们至今没有人真正地见过。我想，人类的智慧不容小看。

📖知识链接

大西洲

大西洋中传说的一个岛，位于直布罗陀海峡以西。传说主要来源是柏拉图的两篇对话。柏拉图叙述埃及僧侣们在与雅典立法者梭伦谈话时这样谈到大西洲，说该岛比小亚细亚和利比亚加起来还大，与直布罗陀海峡遥遥相对。据僧侣们说，大约在梭伦出生9000年以前，大西洲是一个物产丰富的海岛，岛上有权势的王公曾经征服地中海的许多地区，直至最后被雅典人及其同盟军打败。大西洲人最后变得邪恶了，且不敬神，由于几次地震，他们的岛屿被海水吞没。

800万年的古老森林

科普档案 ●**考古发现**:古老的柏树●**发现地点**:匈牙利东部的波克布兰尼●**所属时期**:晚中新世时期

　　匈牙利东部的波克布兰尼地区，一些矿工在一个大型煤矿井下面工作时，意外地发现了一些古老的柏树，这些柏树位于地下60米处。这些古老的树干初看上去就像科幻电影里的道具，留下的只有树干。

　　匈牙利东部的波克布兰尼地区，一些矿工在一个面积为3500平方米的大型煤矿井下工作时，意外发现了一些古老的柏树，这些柏树位于地下60米处。矿工们发现的是几根已经变成煤炭的树干。几天之后，考古学家们在这里发现了一大片神秘的植物，这种植物被认为是一种沼泽柏。

　　这些古老的树干初看上去就像科幻电影里的道具，它们留下的只有树干，这些树干的直径在2米到3米之间，高约6米。但据考古学家透露，原始的沼泽柏能长到30米到40米高。

　　布达佩斯罗兰·威沃斯自然科学大学考古学系的米克勒斯·卡泽米尔说:"这片柏树林的特殊保存状态完全归因于一场突如其来的沙暴，这场沙暴将这些柏树的底部掩埋了足足6米高。"

□古老的柏树

奥托·赫尔曼博物馆考古部门主要负责人塔玛斯·普斯陶伊说："这一发现非常罕见，它们已经在那里待了大约800万年。许多柏树依然保持着原有的木质结构，它们既没有变成煤炭也没有被石化。"

挖掘工作的首席考古学家加诺斯·威瑞斯说："由于这些树干都是由有机物质构成的，科学家很可能会进行树木年代学的测试，这一测试通过研究树龄来确定一棵树一生当中所经历的气候变化。"

威瑞斯说："尽管被埋在地面下60米的地方，这些古老的柏树却不能够被移到地面上来。这是因为一旦暴露在阳光和空气中，这些树干会立即变成'面包屑'。它们已经在地下埋了数百万年，阳光和空气对它们的损害会很严重。"

📖 知识链接

沼泽柏

沼泽柏是柏树的一种，一种生存至今的古代植物。沼泽柏是一种很大的树，有针状叶，沿嫩枝相向成对地生长。种子球果长在主茎上，球果叶或苞片交叉成对。树基与根相连接，并从此处长出称为"膝"的直木。这种植物在1941年才被作为化石加以认识，是中国四川发现的一个良好的"活化石"典型。

追溯生物祖先

肯尼亚人类化石

科普档案 ●**考古发现:** 迄今为止世界上发现的最早的人类祖先化石 ●**发现地点:** 巴林戈湖以西的塔巴林

20世纪80年代中期,肯尼亚国家博物馆馆长利基博士宣布,在肯尼亚北部图尔卡纳湖西岸发现了160万年前一具最完整的直立人骨骼化石。直立人是早期人类的祖先。

科学家在巴林戈湖以西的塔巴林发现了500万年前的一块人科成员化石,这是迄今为止世界上发现的最早的人类祖先的化石。

这块化石是一块带有两个臼齿的下颌的碎片。它在形状和大小上同南方古猿阿法种相似,南方古猿阿法种距今300万年至400万年。这块化石填补了距今约1700万年前至约370万年前人类起源化石记录的空白。在这块人科成员下颌化石的附近还发现了羚羊、犀牛和象等动物的化石,这说明现在这块干旱的地区大约在500万年前雨水充足,草木茂盛。在肯尼亚发现的这块化石比在坦桑尼亚的拉埃托利和在埃塞俄比亚的哈达尔地区发现的化石约早100万年。

20世纪80年代中期,肯尼亚国家博物馆馆长利基博士宣布,在肯尼亚北部图尔卡纳湖西岸发现了160万年前一具最完整的直立

□ 最早的人类祖先的化石

人骨骼化石。直立人是早期人类的祖先。发现的这具骨骼化石是一个 12 岁的男孩，高 1.63 米。这就证明直立人实际上同现代人一样高。

直立人化石最早是在印度尼西亚的爪哇岛发现的，后来在中国发现北京猿人。北京猿人估计是在距今 50 万年到 70 万年前，而这次新发现的化石要早大约 100 万年。更重要的是，这是迄今发现的最完整的直立人骨骼化石，只少左臂和右手、右臂肘关节以下部分以及双脚的大部分。除了直立人化石外，还发现了大量的动物化石，其中许多是现在已经灭绝的动物，例如巨大的短脖子长颈鹿和长着锐利的长犬牙的老虎。

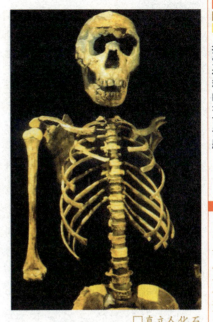
□ 直立人化石

📖 知识链接

肯尼亚

肯尼亚位于非洲东部，赤道横贯中部，东非大裂谷纵贯南北。东邻索马里，南接坦桑尼亚，西连乌干达，北与埃塞俄比亚、苏丹交界，东南濒临印度洋，海岸线长 536 千米。境内多高原，平均海拔 1500 米。中部的基里尼亚加峰（肯尼亚山）海拔 5199 米，山顶有积雪，为非洲第二高峰。全境位于热带季风区，但受其地势较高的影响，为热带草原气候，降水季节差异大。

5000年前的冰人

科普档案 ●考古发现:迄今发现的保存最完整、最古老的古尸　　●发现地点:阿尔卑斯山

20世纪末的一天,登山者朗特和约瑟结在阿尔卑斯山的积雪下发现一具5300年前的古尸,经过仔细勘察发现,这是迄今发现并保存得最完整、最古老的古尸,要比中国马王堆的古尸还要古老3000多年。

20世纪末的一天,朗特和约瑟结伴攀登阿尔卑斯山。他们喘着粗气在一块还有积雪的岩石上坐下休息。日光照耀下,在半溶化的冰雾中,隐约瞥见一个人的肩部,细看之下,果然有一个裹尸包……不久,警察、法医赶到,挥臂挖掘冰雪,力图尽快破案,为被害者昭雪。

经过仔细勘察发现,这个冰人临死时穿着鹿皮外套,外加一件防寒防雨的草编大衣,头戴一顶圆形小帽,此外,还带着一张弓、十几支箭和一把铜斧。现在他的皮肤、内脏,甚至眼睛都保持完好。这是迄今发现并保存得

□阿尔卑斯山

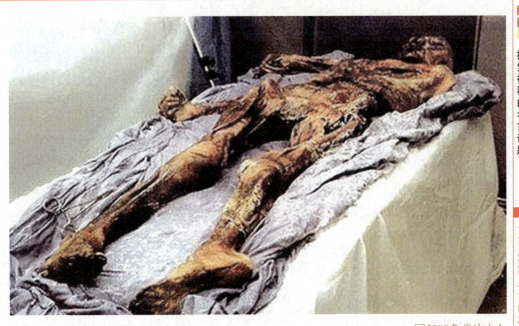

□5000年前的冰人

最完整、最古老的古尸,要比中国马王堆的古尸还要古老3000多年。冰人被发掘后,即由直升机运往德国的莫斯伯拉克法医研究所。经放射性同位素测定,这冰人系5300年前的古尸。

据考古学家分析,大概在5000多年前的一个秋天。一位30岁左右的男人徘徊在一座高高的山上,他在树林中不知做什么,最后当他走到一条长约6米、深约2米的山沟中便倒在那里。在冰川寒风的吹袭下,尸体变成了木乃伊,随即连绵不断的雪一层压盖着一层,最后完全变成了冰层,这个新石器时代的尸体就这样一直冰封在那里。

在莫斯伯拉克研究所里,30多名人员为冰人做修复工作。遗憾的是,冰尸身上的衣服由于年久发脆,在运输途中已全部粉碎,只剩下一双鞋子。在修复过程中,又不免引起了尸体的破损,左屁股被撕去一块,阴茎也不见了,不过对尸体的总体研究影响不大。科学家认为,冰人活着的时候,身长约1.6米,相当于中国人的中等个了,重50千克。为保持冰人尽可能地完好,研究者用消毒过的小冰块,层层包住冰人,最后再用塑料布覆盖,以保证其皮肤处于96%~98%的湿度。在这个冰包内始终模拟冰川的温度,并用一监视系统控制温度、湿度。考虑到对冰人的身体检查、研究势必引起损伤,人们设计了专用的电脑设备,可供专家在不接触冰人的情况下作研究。采用计算机轴向层析扫描技术(CAT),研究者能在电脑屏上看到冰人的骨骼和内脏,并获得清晰的三维图像。把CAT技术与电脑辅助的绘图程序结合起来,研究者创造出一个十分精确的冰人原始脑壳连面容的复制品。从CAT图像中可看到,他的左臂已折断,很可能就发生在他临死之前。在他的左耳垂上有一条深沟纹,说明他曾戴耳环。此外,还找到一种白石做饰物;他的左脚上纹有3英寸长的条纹,左膝盖上纹着一个十字,其腰部也纹着14条纹线。在他的外套的皮毛中,发现了2颗原始小麦粒,这说明他可能生活在阿尔卑斯山下的农业区域。专家们对冰人的遗物一一做了研究。

在他的随身物品中,最重要的发现是那把铜斧。4英寸的斧子,看来是从模子里翻砂而成,铜斧镶着L形的硬杉木柄,并配有一个皮套。铜斧标志着一个新时代的开始。冰人有一个小工具袋,内藏骨钻子、2片火石和一块打火皮,在一片火石上附着多种草类的花粉,说明他用这些草来编制绳子、刀套和帽子。第二年夏天,研究者重返发现冰人的现场,铲除了冰雪以后,他们在那里又找到了一顶皮帽和许多小皮块及木头,还发现了不少丸状的动物粪便。因此推测这位冰人在临死前也许还在放牧,也许在追寻失落的山羊时进入山区,遇到了大雪暴,他无法返回,躲避在沟中,不幸葬身于此。

📖 知识链接

马王堆汉墓古尸

1972年湖南省长沙市东郊一座古代墓葬的横空出世,让"马王堆"成为一个响遍全世界的名字。有人把它誉为中华民族的地下文化宝库,西方人称之为东方的"庞培城"。尽管地下文物不断面世,但马王堆的文化光芒依然丝毫不减,它在诸多领域的"独一无二"使它成为当之无愧的国之瑰宝。而马王堆汉墓保存完好的女尸也受到全世界的关注,她就是轪侯利苍的夫人辛追。

南岛语族的祖先

科普档案　●**考古发现:**南岛语族的祖先源于福建　●**发掘地点:**福建东山岛大帽山新石器时代贝丘遗址

中美考古专家通过对距台湾海峡最近的福建东山岛大帽山新石器时代贝丘遗址进行挖掘考证后确认，南岛语族的祖先源于中国福建，福建人在远古尚未发明船的时代，借助风向，向外漂流，在一个又一个岛屿上生活、繁衍。

"南岛语族"地理范畴分布在南太平洋到印度洋的上百个岛国，包括1000~1200多种语言，其分布地区东至太平洋东部的复活节岛，西跨印度洋的马达加斯加，北到中国台湾岛，南到新西兰，主要居住地区包括中国台湾、菲律宾、马来西亚、美拉尼西亚、密克罗尼西亚和玻利尼西亚等地。属于南岛语系语言的人口约有 2.7 亿人。

有关专家介绍说，新石器时期台湾海峡的文化交流和族群迁徙，是研究东南沿海史前航海技术的发展、台湾史前文化的来源和南岛语族发源地

□福建东山岛大帽山新石器时代贝丘遗址

□ 考古专家研究福建东山岛大帽山新石器时代贝丘遗址

的重要课题。自20世纪30年代以来，这一课题一直备受太平洋地区考古学、人类学和语言学等领域诸多学者的关注。

为了破解南岛语族起源之谜，福建省博物院考古队长、研究员林公务，考古队副研究员范雪春等专家，与美国夏威夷大学教授白瑞·罗莱、那肯拉·斯弟尔、鲍尔·卡若斯、美国哈佛大学人类学系焦天龙博士等联合组织的考古队，进驻东山岛陈城镇澳角渔村，就"航海术·新石器时代台湾海峡的交流与南岛语族起源"这一课题，对距台湾海峡最近的福建东山岛大帽山新石器时代贝丘遗址，进行进一步的挖掘考证。

他们坚持"保护为主，抢救第一"的原则，在福建首次采用先进科学的挖掘方法，从小探方中提取筛选出大量的标本信息。在考古工作中，中美专家已在蕴藏文物十分丰富的大帽山贝丘遗址，发掘了新石器时代（距今约5000年）的贝壳类25个品种；鱼类有软骨、硬骨两种，主要是海豚、鲨鱼和哺乳动物骨骼等；动物类有鹿角、猪骨等；陶类有泥质、夹沙陶制罐、陶壶等；石类有石锛、石箭头、石器、玉器；有用骨头做成的渔钩，用于纺纱织布的陶纺轮等生产工具。专家们对所发掘的一件件宝贝进行多学科的测验、整理和分析，以获得产地、存在年代的经济形态和交流区域等资料，为"南岛语族是否起源于东南沿海一带"以及闽台史前关系的渊源，提供重要的研究依据。还有许多一时无法鉴定的文物，被送到北京和美国采用先进仪器做进一步的研究论证。

中美考古专家确认，从出土的石器、陶制品等文物制作的方法、生产工艺、母语语系等考证上得出结论——南岛语族的祖先源于中国福建，福建人在远古尚未发明船的时代，借助风向，向外漂流，在一个又一个岛屿上生活、繁衍。

　　美国夏威夷大学教授白瑞·罗莱、那肯拉·斯弟尔、鲍尔·卡若斯等考古专家，回美国后在当地报刊上和互联网上发表了关于在东山岛进行"南岛语族"起源的考察研究的文章和相片。报道说，他们和中国考古专家联手实地考古，一致认为：台湾已查找到"南岛语族起源"的确切证据，而东山与台湾不仅地域接近，而且发现刚出土的大量文物与台湾、澎湖的文物十分相似，年代也比较早，对"南岛语族"是否起源于福建东南沿海一带以及闽台史前关系的渊源，有着重要的研究价值，提供了非常丰富的依据。经中美两国考古学者两年多来的联合考察和研究证实，南太平洋、印度洋的南岛语族众多岛国2.7亿居民的祖先来源于中国的福建省。

📖 **知识链接**

台　湾

　　台湾是中国神圣领土不可分割的一部分。历史上，台湾曾被西班牙、荷兰、日本先后占领过。抗日战争胜利后，台湾重归中国的版图。1949年后，由于众所周知的原因，台湾与祖国大陆处于分离的状态。50多年来，台湾的政治、经济、文化、社会等发生了巨大变化。台湾岛是中国的第一大岛，位于祖国东南沿海的大陆架上。台湾扼西太平洋航道的中心，是中国与太平洋地区各国海上联系的重要交通枢纽。

恐龙蛋化石

科普档案 ●**考古发现**：恐龙蛋化石 ●**发现地点**：我国北疆戈壁沙漠的西南边缘 ●**时间**：20 世纪 20 年代

20 世纪 20 年代，在我国北疆戈壁沙漠的西南边缘火峰地方，发现了几窝共七八十枚恐龙蛋，有些还是正在孵化中的各阶段的蛋。经专家研究，这些蛋是一种叫原角恐龙的小型恐龙所生，这一发现震动了国际科学界。

恐龙是地球上已经灭绝的生物，不过一两亿年前，地球是恐龙的天下，最大的恐龙长达 26 米。但是由于地球气候的突变，它们不能适应环境，最终导致了它们的绝灭。我们知道，恐龙虽是庞然大物，但它们却是卵生的。

20 世纪前，地球上的任何地方都没有大量发现过恐龙蛋，直到 20 世纪 20 年代，在我国北疆戈壁沙漠的西南边缘火峰地方，发现了几乎难以置信的恐龙蛋，有好几窝，每窝 10 来个，共获得七八十枚之多，个个异常坚硬。其中有不少被当时沙土压破了，但也有很完整的，更珍贵的是有些正在孵

□戈壁沙漠

化中的各阶段的蛋,有些头骨已长成即将破壳而出。经专家研究,这些蛋是一种小型恐龙所生,身长不过1米多,叫原角恐龙。此外,还发现了很多原角恐龙的骨化石,这一发现震动了国际科学界。

□恐龙蛋化石

恐龙蛋被誉为恐龙化石中的珍品,一般比较大。最大的蛋,直径200多毫米,小的80毫米。恐龙蛋的形状有卵圆形、椭圆形、圆球形、扁圆形、橄榄形,还有的像玉米棒。在蛋窝中的排列方式:有的围成圆圈呈放射状,有的是成排的前后镶嵌,有的没有规律。恐龙蛋的蛋壳很厚,约2毫米,最厚的可达7毫米,表面具有别致的纹饰。

随着我国地质科学的发展,我国先后又在广东、江西、湖南、安徽、内蒙古、宁夏、新疆、浙江、湖北和河南等地找到了很多恐龙蛋化石。特别是在山东莱阳、广东南雄、江西赣州地区和河南南阳等地区,不同类型的恐龙蛋化石大规模地出现,这更是世界上极为罕见的。

◆ 知识链接

原角龙

原角龙,希腊文意为"第一个有角的脸",原角龙属于原角龙科,生存于上白垩纪坎潘阶的蒙古。原角龙的躯干很大,喙长得像鸟的一样,嘴的前部没有牙,但在两侧长着牙。原角龙的脑袋中等大小,所以它们比较聪明,但因缺乏发展良好的角状物,头上只长一个褶边一样的装饰,雄性的比雌性的大些。它们群居生活,把小恐龙生在自己的窝里,走路用四只脚,走得比较慢。

辽西鸟化石

20世纪90年代中期，考古工作者在北票市上园镇炒米甸子村征集到两件鸟化石。研究结果表明，化石距今已有1.5亿年，是侏罗纪鸟类化石在我国的首次发现。也是迄今为止发现的世界上最早的有角质喙的鸟化石。

20世纪80年代末，朝阳县胜利乡一个姓严的农民，在本乡梅勒营子村发现了一具完整的鸟化石。后来，这以前从无记载的鸟被命名为"三塔中国鸟"。接着，中科院古脊椎动物与古人类研究所的学者侯连海、周忠和等人，又在朝阳县波罗赤乡的大西沟先后发掘出20余件完整或比较完整的鸟化石，其中包括被命名为"燕都华夏鸟"和"北山朝阳鸟"的化石。朝阳发现的这三种鸟，都生活在距今1.3亿年前后。这是世界上发现早白垩纪时期鸟化石最多的一次。

20世纪90年代中期，考古工作者又在北票市上园镇炒米甸子村征集到两件鸟化石。最新的研究结果表明，化石距今已有1.5亿年，是侏罗纪鸟类化石在我国的首次发现。这是迄今为止发现的世界上最早的有角质喙的鸟化石。科学家万分惊喜，于是给这种鸟起了一个似乎是风马牛不相及，实际上是要弘扬中华民族文化的名字，叫作"圣贤孔子鸟"。

辽西发现鸟化石具有重要意义。

一是辽西发现的鸟化石

□ "北山朝阳鸟"的化石

对研究鸟类的进化和分异提供了珍贵资料。专家通过对 4 种鸟化石的研究认为，至少在白垩纪早期，鸟类已向着多方位辐射，鸟类的进化水平已有了很大的差异，而鸟类最早的祖先则可能在晚侏罗纪以前就出现了。

二是它填补了鸟类早期进化的空白。鸟类起源于古代的爬行动物，20 世纪末在德国发现的距今 1.5 亿年"始祖鸟"化石是鸟类动物的祖先。后来，人们又多次发现了距今 9500 万年至 6500 万年前的晚白垩纪时期鸟化石。但令人遗憾的是，在这中间缺了一个连接的"链条"，即 1.5 亿年至 9500 万年前这一段的鸟化石。辽西的发现正好补上了这一关键环节。

□ "圣贤孔子鸟" 化石

辽宁西部陆续发现的这些十分珍贵的古生物化石，其中包括距今 1.5 亿年至 1.3 亿年的 4 种鸟类老祖宗化石 20 多件，不仅引起了中外学术界的瞩目，而且对研究鸟类进化进程也有着重要的意义。

📖 **知识链接**

三塔中国鸟

　　三塔中国鸟为小型鸟类，吻很短，头骨也比较短，牙齿构造与始祖鸟相似，其所具有的腹肋、腰带也与始祖鸟相似；第 1 趾骨缩小；第 1、2 趾骨具有小而弯曲的爪。牙齿与翅膀处的爪子说明其还保留了一些兽类的特征。而其具有较大的胸骨，更便于胸大肌的附着。虽然三塔中国鸟的骨盆等骨骼还保留了一些爬行动物的特征，但其变薄的骨骼及体重等身体构造已经明显地具有了鸟类的特征，但它并不是成熟的鸟类，它与世界上最早的鸟类始祖鸟相比，已有很强的飞行能力，能在树上做窝，而始祖鸟只能在地上跑。所以三塔中国鸟是从恐龙到鸟类的过渡形态，是没有完全脱离爬行动物特征的原始鸟。

禽龙化石

科普档案 ●考古发现：禽龙化石 ●发现地点：英国南部的苏塞克斯郡 ●时间：19世纪20年代

19世纪20年代的一天，英国的乡村医生曼特尔的夫人在正在修建的公路上发现了一些样子奇特的动物牙齿化石。后确认这些化石属于一种与鬣蜥同类、但是已经绝灭的古代爬行动物，并把它命名为"鬣蜥的牙齿"。

在英国南部的苏塞克斯郡，有一位名叫曼特尔的乡村医生。他特别喜爱收集和研究化石，在他的熏陶下，他的妻子也成了采集化石的高手。

19世纪20年代的一天，天气非常寒冷，曼特尔照常出门去给人看病。他离家后，夫人感到天气过于寒冷，而丈夫穿的衣服有些单薄，便带上一件衣服顺着他出诊的方向去迎接他。当走在那条正修建的公路上时，她习惯性地边走边观察两边新裸露出来的岩层，忽然，一些亮晶晶的东西引起了她的注意。她走上前去仔细观看，原来是一些样子奇特的动物牙齿化石。这些化石牙齿非常大，曼特尔夫人从来没有见过。兴奋的曼特尔夫人忘记了给丈夫送衣服，她小心翼翼地把这些化石从岩层中取出来带回了家里。曼特尔见过许许多多远古动物的化石牙齿，可是没有一种能够与这么大、这么奇特的牙齿相比。后来，曼特

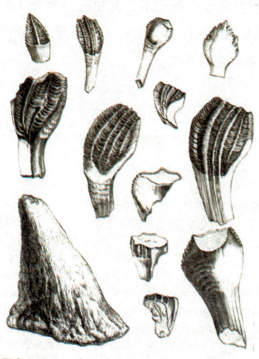

□禽龙化石

尔先生又在妻子发现化石的地点附近找到了许多这样的牙齿化石以及相关的骨骼化石。为了弄清这些化石到底属于什么动物，曼特尔先生把化石带给了法国博物学家居维叶，居维叶也从来没有见过这类化石，他根据自己掌握的动物学知识做出判断，认为牙齿是犀牛的，骨骼是河马的，它们的年代都不会太古老。

曼特尔先生对居维叶的鉴定非常怀疑。两年后的一天，他偶然结识了一位在伦敦皇家学院博物馆研究一种生活在美洲的现代蜥蜴——鬣蜥的生物学家。曼特尔带着那些化石与博物学家收集的鬣蜥的牙齿相对比，发现两者非常相似。喜出望外的曼特尔就此得出结论，这些化石属于一种与鬣蜥同类、但是已经绝灭的古代爬行动物，并把它命名为"鬣蜥的牙齿"。

后来，随着发现的化石材料越来越多，人类对这些远古动物的认识越来越深入，人们知道这种动物实际上是恐龙家族的一员。但是，按照生物命名法则，这种最早被科学地记录下来的种名的拉丁文字依然是"鬣蜥的牙齿"的意思，它的中文名称被译成为禽龙。

🔖 知识链接

鬣　蜥

虽然所有鬣蜥科的动物都可以被称为鬣蜥，但通常人们所指的鬣蜥，是那些体形较为庞大的，如绿鬣蜥。鬣蜥主要生活在美洲和马达加斯加、斐济和汤加等地。虽然鬣蜥的外表总会让人联想起凶恶的恐龙或鳄鱼，但实际上，这些样子丑陋的家伙却可能是世界上胆子最小性情最温驯的动物之一。当你看到一只不在打盹的鬣蜥时，那么，它最有可能在做的两件事就是吃和晒太阳。由于其性情温顺，鬣蜥成为欧美许多人饲养的宠物。

最原始的鸟类化石

科普档案　●**考古发现**：世界上最原始的鸟类化石　●**出土地点**：河北丰宁晚中生代地层中

19世纪70年代，达尔文进化论支持者赫胥黎提出大胆假说，认为鸟类是由恐龙演化而来。从20世纪90年代开始，我国科学家相继在辽西地区发现了多种长有羽毛甚至翅膀的恐龙，为鸟类的恐龙起源说提供了证据。

自发现始祖鸟之后，人们基本上认可鸟类是从爬行动物演化而来的，但一般认为，鸟类源于槽齿类或鳄类等较原始的爬行动物。19世纪70年代，达尔文进化论支持者赫胥黎提出大胆假说，认为鸟类是由恐龙演化而来。从20世纪90年代开始，我国科学家相继在辽西地区发现了多种长有羽毛甚至翅膀的恐龙，为鸟类的恐龙起源说提供了证据。

□始祖鸟化石

然而关于这一问题的争论并未结束。目前,关于从恐龙到鸟的进化存在两种假说:一是"树栖说",即认为恐龙是在树栖生活中向下跳跃滑翔,逐渐具备了飞行能力,演变为鸟类。二是"陆生说",认为恐龙是在快速奔跑中为保持平衡而逐渐长出了羽毛。激烈的争论共同推进了鸟类起源研究的发展。

□华美金凤鸟化石

20世纪90年代中后期,中国地质科学院季强、徐星研究员在中国辽西地区发现了大量长羽毛的恐龙和原始鸟类化石,推动了国际鸟类起源研究工作,有力地支持了鸟类起源于小型兽脚类恐龙的学术观点。

随着研究的深入,从恐龙到鸟类之间的界线越来越模糊,然而季强等人始终未能在国内发现与德国始祖鸟处于类似进化水平的原始鸟类化石,"天下第一鸟"的称号仍然为德国始祖鸟所保持。

20世纪末至21世纪初,季强领导的科研小组开始着手探讨"鸟类定义"和"鸟类飞行起源"等问题。四年后,中国地质科学院季强研究员领导的科研小组在河北丰宁晚中生代地层中,首次发现了迄今世界上最原始的鸟类化石。季强等人将这一种鸟正式命名为华美金凤鸟。

华美金凤鸟的化石标本保存十分完整,头尾长度约54.8厘米,全身被覆着清晰的羽毛印痕。它保存了12节颈椎、11节背椎和23节尾椎,尾巴长度约为身体总长度的一半。上下颚各发育18颗光滑无饰的牙齿。体腔内还有11颗褐黄色、长径小于1厘米的卵圆形蛋。

"19世纪60年代初始祖鸟在德国的发现,曾被认为是当时最重要的科学发现之一。"季强说,由于始祖鸟既显示出明显的爬行动物特征又保存了精美的羽毛,140多年来一直被当作爬行动物与鸟类之间的"中间环节",大多数人更认为它是世界上最古老的鸟类。但因为始祖鸟总共才发现了8枚化石标本,地理分布十分局限,国际上围绕鸟类起源问题长期以来展开了激烈争论,提出了各种各样的假说。

研究员们根据205个特征对华美金凤鸟进行了支序分析,证明它处于鸟类谱系树的基部,比始祖鸟略微原始,这是从恐龙向鸟类演化过程中一个非常关键的位置。季强认为,从眼下的研究情况看,"天下第一鸟"应该是华美金凤鸟,而不是德国始祖鸟。

📖 知识链接

始祖鸟

始祖鸟,古希腊文的"古代羽毛"或"古代翅膀"的意思,故又名古翼鸟。一般认为始祖鸟是爬行动物到鸟类的中间类型,但仍属于恐龙,生活于约15000万年到15500万年前晚侏罗纪,化石分布在德国南部。它的德文名字意指"原鸟"或"首先的鸟"。在始祖鸟生存的时期,欧洲仍然是个接近赤道的群岛。始祖鸟的大小及形状与喜鹊相似,它有着阔及圆的翅膀及长的尾巴。它可以生长达半米长。它的羽毛与现代鸟类相似,但它却在颚骨上有锋利的牙齿,脚上三趾都有弯爪及有长的骨质尾巴。这些特征正好与兽脚亚目恐龙相似,使得始祖鸟成为演化过程的重要角色。

挖掘恢宏建筑

□探索神秘的考古谜题

第③章

西汉南越王墓

科普档案　●考古发现:西汉南越王墓　●发现地点:广州越秀山公园西面的象岗上　●时间:1983年

　　1983年6月,坐落在广州越秀山公园西面的象岗的西汉南越王墓被发现,这是岭南地区年代最早的一座大型彩绘石室墓,深藏于岗顶之下20米,是近年来我国五大考古发现之一。

　　西汉南越王墓坐落在广州越秀山公园西面的象岗,是岭南地区年代最早的一座大型彩绘石室墓,共7室,深藏于岗顶之下20米,1983年6月被发现,是近年来我国五大考古发现之一。该墓主人是南越开国之君赵佗的孙子——第二代南越王赵眜,其尸身穿丝缕玉衣。陵墓的建造距今已有2100多年。陵墓中有15名殉葬人和1000多件珍贵的随葬品,主要是玉器和青铜器。南越王墓的发现为研究秦汉时期岭南地区的历史以及汉越民族文化的融汇等问题提供了极为宝贵的资料。发掘后,墓室就地保护,并在其旁边辟建了占地1.4万平方米的西汉南越王墓博物馆。

　　南越王墓劈山为陵,从象岗顶劈开石山20米,凿出一个平面"凸"字形

□西汉南越王墓博物馆

的竖穴,再从前端东、西侧开横洞成耳室,南面开辟斜坡墓道。墓室以红砂岩石仿照前堂后寝的形制砌成地宫,墓顶用 24 块大石覆盖,再分层夯实而成。墓室仿照南越王生前宅居筑成,墓室坐北朝南,前三后四共 7 室,宽 12.5 米,长 10.85 米。墓主居

□ "文帝行玺"金印

后部中室,前厅后库,前部东西为耳室,后部东西为侧室。前部前室四壁和顶上均绘有朱、墨两色云缎图案;东耳室是饮宴用器,有青铜编钟、石编钟和提筒、钫、镭等酒器以及六博棋盘等;两耳室是兵器、车、马、甲胄、弓箭、五色药石和生活用品、珍宝藏所,尤其珍贵的是来自波斯的银盒、非洲大象牙、漆盒、熏炉和深蓝色玻璃片。这些文物证明南越国早期或更前年代广州已与波斯和非洲东海岸有海上贸易。后部主室居中,为墓主棺库主室,墓主身穿丝缕玉衣,随身印章 9 枚,最大一枚为"文帝行玺"龙钮金印,此外,还有螭虎钮"帝印"、龟钮"泰子"金印以及墓主"赵眜"玉印等。东侧室为姬妾藏室,殉葬姬妾 4 人均有夫人印 1 枚。西侧室为厨役之所,殉葬 7 人,无棺木,室后置猪、牛、羊三牲。后藏室为储藏食物库房,有近百件大型铜、铁、陶制炊具和容器。出土文物共千余件(套),金印是国内首次出土的汉代帝王金印。这些出土文物对研究秦汉时期岭南土地开发、生产、文化、贸易、建筑等状况以及南越国历史等方面都具有重要价值。南越王墓的出土,被誉为近代中国五大考古新发现之一。西汉南越王墓已开辟为博物馆。

南越王墓是岭南地区发现规模最大、出土文物最丰富、墓主人身份规格最高的一座汉墓,是中国境内迄今发现年代最早的彩绘壁画石室大墓。这座墓堪称地下宝库,共出土各类文物达 1000 多件(套),内涵非常丰富,尤以铜、铁、陶、玉四者所占比重最大。南越王墓的发现,其社会、历史、文化、科学价值不但震撼岭南大地,而且惊动全国,闻名世界,从考古学界、社

□墓主身穿的玉衣是最早又是唯一的"丝缕玉衣"

会各界到新闻界,无不感到惊奇。有人评价这是"令无数人苦苦探寻了 2000 多年的隐秘,中国考古史上最辉煌的发现之一"。墓中的宝贝被评价为:"珍宝灿烂""金灿灿""银闪闪""玉器之最""碧玉之宝""稀世之宝""汉玉中价值连城的绝品",还有许多"罕见""首次""唯一""独一无二""精美绝伦""无法替代"的说法。

南越王墓有一件文物被称为"镇墓之宝"——"文帝行玺"金印,是中国考古发掘出土的第一枚帝印。在传世或发掘出土秦汉印章中,未见一枚皇帝印玺,只有文献记载。但是文献讲的帝印,是白玉质印、螭虎钮印,印文是"皇帝行玺"或"天子行玺";而南越国赵佗这枚帝印却是金质印、蟠龙钮印,印文是"文帝行玺"。这是金印的独特之处,是南越国自铸、生前使用之印。南越王墓除了"文帝行玺"金印外,还有"泰子"(泰同太)金印和"右夫人玺"金印,但不是龙钮,而是龟钮。"泰子"金印也是首次发现,在传世印玺中未曾见过。南越王墓的金器除金印外,还有金带钩、金花泡和杏形金叶,均是饰物。而金花泡普遍被认为是海外输入的"洋货"。南越王墓出土文物中有一件白色的银盒特别引人注目,那闪闪发光的花瓣显得尤为突出。这个呈扁球形银盒,通高 12 厘米,腹径 14.9 厘米,重 572.6 克。出土时在主棺室,盒内有十盒药丸。从造型、纹饰和口沿的鎏金圈套等工艺特点看,与中国传统的器具风格迥异,但与古波斯帝国时期(公元前 550~公元前 330 年)遗物相似。经化学分析和专家们研究,认为是波斯产品,银盒里的药丸很可能是阿拉伯药。因此，银盒并非南越国制造，而是海外舶来品，具有重要的历史价值。

经过数年挖掘，现已出土珍贵文物1000多件(组)，有15位殉葬人。这是迄今为止，岭南地区发现年代最早、规模最大、陪葬物最丰富的汉初古墓，也是唯一的一座全用石块砌建而成的、首次出现壁画的彩绘石室墓。墓中出土文物尤以铜器和陶器最具南方越族文化的特色，有青铜编钟乐器3套，铜鼎36个，铜镜36面，以及金印3枚(广州市汉代考古至今发现西汉时期金印仅有4枚)，出土玉器240多件。墓主身穿的玉衣殓装已复原，它是我国目前发现完整的西汉玉衣中年代最早又是唯一的"丝缕玉衣"。墓中出土的蓝色平板玻璃、世界第一套套色印花铜版模、非洲象牙等，都是稀世珍品。

📖 知识链接

丝缕玉衣

玉衣是汉代特有的丧葬殓服，东汉灭亡以后，未发现有玉衣。玉衣是有等级规定的，有金缕、银缕、铜缕玉衣，诸侯王多用金缕，也有用银缕的。南越王墓出土的丝缕玉衣为首次发现，也是迄今为止唯一的一件。整件玉衣全长1.73米，共用玉片2291块。外形与人体形状基本一样，分头套、上衣、袖筒、裤筒、手套和鞋六部分。为便于穿着，各部分分别制作。其中头套、手套和鞋的玉片均在片角钻孔，以丝线连缀；其余玉片用麻布衬里，每块玉片表面用窄丝带作交叉粘贴，然后再用宽丝带沿玉片的边缘作纵横粘连。由于整件玉衣皆以丝带缀连，故称之为"丝缕玉衣"。

重大考古发现晋侯墓

科普档案　●**考古发现:**曲沃晋侯墓　●**发现地点:**山西省曲沃县　●**时间:**20世纪90年代

　　20世纪90年代,我国考古界三代学人耗费了无数心血和精力,发现了曲村天马晋侯墓遗址,使在两周时期称霸160年的春秋五霸之一——晋国的历史痕迹大白于天下。

　　曲沃晋侯墓地是一处西周早期晋国王侯贵族墓地,其时代几乎贯穿整个西周时期。现已发现9组19座晋侯及其夫人墓葬、祭祀坑数十座,并探明车马坑5座。出土有大量华丽精美的玉器、青铜礼器等随葬品。随葬的玉器种类繁多,装饰华美,是迄今为止发现的西周时期等级最高的玉器。

　　新中国成立以来,随着我国考古事业的长足发展,陕西大量的历史文物出土面世,西安成为世界瞩目的旅游胜地,秦始皇兵马俑被誉为"世界第八大历史奇观"。那么晋国作为春秋五霸之一,在两周时期称霸160年,就不曾留下历史的痕迹吗?是的,连晋国的始封地和晋国都城所在地都成了悬而未决的问题。直到20世纪90年代,我国考古界三代学人,耗费了无数心血和精力,发现了曲村天马晋侯墓遗址,这才使这一千古之谜大白于天下。史载,周成王封其弟叔虞于唐地。叔虞死后,其子燮父继位,并改国号为晋,始有晋

□曲沃晋侯墓里的随葬品

□车马坑

国,这就是晋国的来历。"晋"在金文中应该是个象形文字,像是两株禾苗栽在一个器皿中,而且"晋"有供、奉、献、进等意,以"晋"为国号,意义十分重大。那么叔虞所封之唐又在何地呢?《史记》载:唐在黄河、汾河以东,方圆约百里的地方。《左传》则记载:封(叔虞)于夏墟,还有传说认为唐地为尧的后裔所居之地。但是具体位置《史记》和《左传》中并没有明确指出,因此,后世对唐地注解各执己见,居然有六处之多。

随着20世纪90年代曲沃北赵九代19座晋侯及夫人墓葬的考古研究逐步深入,充分肯定了唐地就在今山西省南部的曲沃、翼城一带。现在的曲村天马遗址就位于唐地的中心地域。这片古遗址面积约11平方千米,其面积达郑州商代遗址和殷墟遗址之半,等于沣东、沣西二遗址之和,超过北京琉璃河燕国遗址两倍以上,是目前我国发现最大、保存最完整的周代遗址。该遗址反映的历史跨度长、阶段早,已发现新石器时代的仰韶文化、龙山文化层,夏文化层,西周至战国文化层,秦、汉至元、明文化层等四个文化层,而其精华部分就在两周时期。近20年来,经过考古学家连续10多次的发掘,共揭露面积12000平方米,发掘墓葬1000余座。专家估计,该遗址区内古墓葬不少于20000座。就在这样一片土地上,5000年来一直延续着、遗留

□曲村天马晋侯墓9号墓陪葬车坑

着人民辛勤劳作、生生不息的痕迹。原始社会末期,山西南部是当时部落社会的主要活动范围,尧都平阳、舜都蒲坂、禹都安邑均在山西南部。曲村天马遗址所在的唐地,《左传》记载其位于夏墟。曲村天马遗址北面紧靠的桥山,当地民间传说黄帝葬衣冠于此。如果联系尧、舜、禹时期的主要活动范围在山西省南部的话那么可以推断,黄帝时期的主要活动范围也应包括这个地域。

晋侯墓地的发掘工作开始于1992年,从1992年至2000年,先后做过6次发掘工作。整个墓地东西长170米,南北宽130米,9组19座晋侯和夫人墓葬在墓地分三排排列。除第八组为晋穆侯及两位夫人以外,余皆为一位晋侯一位夫人异穴合葬墓。每组墓葬之东有车马坑,其中八号墓葬陪祀车马坑东西长21米,南北宽15米,有殉马百余匹,为全国至今所发现的西周时期最大的车马坑。这些车马坑的修建,比秦始皇兵马俑还要早600年。19座墓葬有11座保存完好,8座被盗。晋侯墓地出土文物十分丰富,总数达万件以上。出土的青铜器种类齐全,从其数量和组合看,一改商代重酒之风,呈现重食、重乐的特点。八号墓葬出土的晋侯苏钟,刻铭文355字,完整记载了一段周厉王时期由晋侯苏参与的一次军事事件,弥足珍贵。出土的数目众多的玉器同样也为人们展现了一幅瑰丽多彩的历史画卷,使人们能够看到 3000 年前礼制社会的社会风尚、审美观点、工艺技术等,是一笔十分宝贵的物质文化财富。1992~1993 年,晋侯墓地连续两年被列为全国十大考古发现之一。1994 年被国家文物局评为田野考古成果三等奖。1996 年被国务院评为全国重点文物保护单位。1998 年 4 月 22 日中央电视台《新闻联播》中,更是称其为"20 世纪中国考古最重大的发现"。

然而,美中仍有不足,整个墓区包括了自晋侯燮父至晋文侯共九代晋侯和夫人墓,唯独没有发现唐叔虞墓葬,给人留下疑团,不能不说是遗憾。或许唐叔虞并未就国,留在成王身边辅佐成王;也许他死后又归葬于周原,入周王室兆域。这些疑团只有留待考古学者们进一步去考证、发现和解释了。令人欣慰的是,晋侯墓地最后一次发掘中,发现了叔虞自作鼎,鼎内有铭文 40 余字,记述了叔虞在接受周天子的一次赏赐后,为感谢和昭示天子的恩宠,自作此鼎。铭文中的周天子就是周成王,从而也证实了周成王和叔虞的特殊关系。

📖 知识链接

西周分封制

西周实行分封制,周天子以"受命于天"自居,号称"天之元子",是天下同姓宗族的大宗,居于至高无上的绝对支配地位。其王位由嫡长子世袭继承,其他庶子则作为小宗被分封为各地诸侯。他们在各自封国内又是同姓宗族的大宗,其王位也是由嫡长子世袭继承,其余庶子作为小宗分封为卿大夫。卿大夫在各自封地里又是同姓宗族的大宗,其封爵仍由其嫡长子世袭继承,其余庶子作为小宗分封为士。这样,根据宗法制和分封制,便形成天子、诸侯、卿大夫、士等各级宗族贵族组成的金字塔式等级制机构。各个等级之间的相互关系,既是大小宗关系,也是上下级关系。每一个等级必须服从上一个等级,并有义务纳贡、服役等。

千年不朽的马王堆汉墓

科普档案 ●考古发现：马王堆汉墓 ●发掘地点：长沙市东郊浏阳河旁 ●时间：1972～1974 年

20 世纪 70 年代，中国南部长沙马王堆汉墓的发掘，震惊了中国乃至全世界。专家认为，该墓最有价值的是兼有完好无损的女尸、有成组成套的物品以及内容珍秘的帛书、竹木简，这在中国考古史上可说是独一无二。

20 世纪 70 年代，中国南部长沙马王堆汉墓的发掘，震惊了中国乃至全世界。该墓葬保存完好的女尸，是世界上首次发现的湿尸。这具女尸入土已经 2100 年，仍保持着栩栩如生的面目和弹性肌肤，令人不可思议。同时，马王堆汉墓还出土了一大批品种繁多、保存完整、价值极为珍贵的文物，堪称中华文明古国的瑰宝。

长沙马王堆汉墓的发掘，对中国考古界产生了深远的影响。专家认为，该墓最有价值的是完好无损的女尸，并且有成组成套的物品，还有内容珍

□长沙马王堆汉墓女尸

秘的帛书、竹木简。这三者能有
其一，已是考古的重要发现，如
今三者兼有，在中国考古史上可
说是独一无二。因此，长沙马王
堆汉墓的发掘，被世人誉为"20
世纪中国与世界最重大的考古
发现之一"。

马王堆汉墓于 1972 年至
1974 年先后在长沙市区东郊浏

□出土的素纱蝉衣

阳河旁的马王堆乡挖掘出土。一号汉墓出土的女尸，时逾2100 年，形体完
整，全身润泽，部分关节可以活动，软结缔组织尚有弹性，几乎与新鲜尸体
相似。它既不同于木乃伊，又不同于尸蜡和泥炭鞣尸。是一具特殊类型的尸
体，是防腐学上的奇迹，震惊世界，吸引不少学者、游人观光。女尸经解剖
后，躯体和内脏器官均陈列在一间特殊设计的地下室内。

马王堆汉墓的发掘，对我国的历史和科学研究均有巨大价值，其出土
文物异常珍贵。从三号墓中出土的帛书《五十二病方》，经考证，可能比《黄
帝内经》(成书于春秋战国时代)还要早，书中记载了 52 种疾病，还提到了
100 多种疾病的名称，共载方 280 多个，所用药物计 240 多个。这是我国现
在所能看到的最早的方剂。《五十二病方》的发现，补充了《黄帝内经》以前
的医学内容，是一份非常珍贵的医学文化遗产。马王堆三座汉墓共出土珍
贵文物 3000 多件，绝大多数保存完好。其中五百多件各种漆器，制作精致，
纹饰华丽，光泽如新。珍贵的是一号墓的大量丝织品，保护完好。品种众多，
有绢、绮、罗、纱、锦等。有一件素纱禅衣，轻若烟雾，薄如蝉翼，该衣长 1.28
米，且有长袖，重量仅 49 克，织造技巧之高超，真是巧夺天工。出土的帛画，
为我国现存最早的描写当时现实生活的大型作品。还有彩俑、乐器、兵器、
印章、帛书等珍品。一号汉墓的彩绘漆棺，色泽如新，棺面漆绘的流云漫卷，
形态诡谲的动物和神怪，体态生动，活灵活现，具有很高的艺术水平。三号

□马王堆汉墓

墓出土的 10 多万字的大批帛书,是不可多得的历史文献资料。帛书的内容涉及古代哲学、历史和科学技术许多方面。经整理,共有 28 种书籍,12 万多字。另外还有几册图籍,大部分都是失传的书。二号汉墓出土的地形图,其绘制技术及其所标示的位置与现代地图大体近似,先后在美国、日本、波兰等国展出,评价极高,誉为"惊人的发现"。

根据漆器款识、封泥、印章等推断,一号墓为利苍之妻辛追,二号墓为利苍本人,三号墓则是利苍之子,三座墓葬的时间相距约 20 多年。一号墓由墓顶至椁室深达 20 米。椁室构筑在墓坑底部,由三椁(外椁、中椁、内椁)、三棺(外棺、中棺、内棺),以及垫木所组成。木棺四周及其上部填塞木炭,厚 30~40 厘米,重约 5000 千克。木炭外面又用白膏泥填塞封固,厚度达 60~130 厘米。棺内出土了一具保存 2100 年的完整女尸(利苍的妻子辛追),尸体长 154 厘米,外形完整,全身润泽柔软,部分毛发尚存,部分关节可以弯动,许多软组织比较丰满、柔润而有弹性。古尸内脏器官保持了完整的外形,相对位置基本正常。这是世界上已发现的保存时间最长的一具湿尸。

马王堆汉墓遗址位于湖南省长沙市东郊,距市中心 4 千米。长沙为汉长沙国首府临湘县所在地。该墓地曾被讹传为五代十国时楚王马殷的墓地,故称马王堆;又曾被附会为长沙王刘发埋葬其母程、唐二姬的"双女墓"。湖南省博物馆与中国科学院考古研究所 1972 年发掘了一号墓。1973

年至 1974 年初，发掘了二号、三号墓。据《史记》和《汉书》记载，长沙相利苍于汉惠帝二年（前 193 年）卒。二号墓发现"长沙丞相""轪侯之印"和"利苍" 3 颗印章，表明该墓的墓主即第一代轪侯利苍本人。一号墓发现年龄约 50 岁左右的女性尸体，墓内又出"妾辛追"骨质印章，墓主应是利苍的妻子辛追。三号墓墓主遗骸属 30 多岁的男性，可能是利苍儿子的墓葬。三号墓出土的一件木牍，有"十二年十二月乙巳朔戊辰"等字样，标志着该墓的下葬年代为汉文帝十二年（前 168 年）。一号墓在构建时分别打破二号墓和三号墓的封土，则其年代应再晚些。马王堆汉墓的发掘，为研究西汉初期手工业和科学技术的发展，以及当时的历史、文化和社会生活等方面，提供了极为重要的实物资料。

📖 **知识链接**

马王堆汉墓出土的丝织品和衣物

马王堆汉墓出土的各种丝织品和衣物，年代早，数量大，品种多，保存好，极大地丰富了中国古代纺织技术的史料。一号墓边厢出土的织物，大部分放在几个竹笥之中，除 15 件相当完整的单、夹锦袍及裙、袜、手套、香囊和巾、袱外，还有 46 卷单幅的绢、纱、绮、罗、锦和绣品，都以荻茎为骨干卷扎整齐，以象征成匹的缯帛。三号墓出土的丝织品和衣物，大部分已残破不成形，品种与一号墓大致相同，但锦的花色较多。

法门寺地宫

科普档案　●考古发现：法门寺地宫、佛祖真身舍利　●发掘地点：宝鸡法门寺中　●时间：1987年

　　1987年，在重修法门寺中的唐建佛塔时，考古人员无意间发现了神秘地宫，并找到了佛教界至高无上的圣物、世上仅存唯一的佛祖真身指骨舍利。埋藏了1000多年的绝世秘密终于重见天日。

　　宝鸡法门寺地宫，是世界上迄今为止发现的年代最久远、规模最大、等级最高的佛塔地宫，面积仅31.48平方米，在清幽灯光照射下，尤显神秘。

　　1981年8月24日夜晚，伫立在法门寺中的唐建佛塔，因年久失修和雨水侵袭，中部出现裂缝，佛塔遭到了严重破坏。令人震惊的是，佛塔东北边的部分基本上已经完全坍塌，而剩下的西南一边虽然出现倾斜，却仍然神奇地矗立着。

　　虽然外表普通，但是法门寺佛塔可谓大有来头。佛经上记载，阿育王于

□法门寺地宫

公元前3世纪统一印度，建立印度历史上第一个帝国之后，为救赎战争中的杀戮，阿育王开始力推佛教。为此，他派出了大量僧众和信徒去到国外，宣扬仁慈和非暴力，大力弘扬佛法。传说阿育王在世界各地建造了数座佛塔，供人们礼敬佛祖。其中中国

☐法门寺地宫入口

分布有19座，最早的法门寺佛塔，即是其中之一。传说，法门寺中一个神秘地宫里供奉了佛祖释迦牟尼的真身舍利。那么真身舍利是什么？其中又有怎样的故事？对于残塔的处理，上级主管部门极为重视。反复论证的结果，形成了两个方案。一个方案是把塔拆除后重新修建，另外一个方案是保护半边塔。鉴于佛塔倒塌的情况十分罕见，修复工作必须按照一系列严密程序进行。但在考古专家掌握了大量一手资料时，发现先前确定的那个方案，执行起来困难重重。因为塔里全是土坯，怎样把土坯保护起来在技术上非常难，而且造价高。最后决定还是把塔拆除重建。然而谁也不会想到，因为重修，一个埋藏了1000多年的绝世秘密终于重见天日。

1987年4月3日，考古人员无意间在浮土之下发现了一块白玉石板。清掉石板上覆盖的浮土，一尊雄狮浮雕显露出来。当考古队员推开白玉石板旁的碎石板时，一个洞口出现在人们眼前。那个狭小的洞口里一片幽暗。传说中神秘的佛骨舍利会不会被埋藏在洞里？种种迹象表明，人们要先找到地宫入口。果然，队员们在前方大殿后发现了一个漫步踏道，它应该是通往地宫的出入口。

1987年4月9日，考古队员小心翼翼推开地宫第一道门，一股霉气扑面而来。门内是一段幽暗隧道，墙壁为黑色大理石拼贴。因为年代久远，石壁呈现出一种特有的斑驳。在石壁东侧，考古队员突然有新发现，石壁上刻

有文字。字由白色颜料书写，纵向排成几列。这些字是谁写上去的，是什么意思？石壁上的文字一时无法索解，只能留待日后仔细研究。就在队员失望时，在隧道尽头，两块石碑进入他们的视线，石碑为黑色大理石材质，碑文在手电光下依然清晰可辨。这两块石碑又会透露什么秘密？但是更意料不到的情况突然发生了，没有任何征兆，隧道顶上突然有碎土掉下。考古队员不得不先撤离地宫。地宫实地考古探察工作不得不暂时终止。

经研究后决定，接下来的考古勘探将严格控制进入地宫的人数，并且加快进度。随后被搬出地宫的两块石碑，共计刻有约900字。专家发现一个是记事碑，一个是物账碑。从文字内容分析，石碑是唐代最后一次迎送佛骨时留下的。而这浩大活动的主角——神圣的佛祖真身舍利，会不会出现在地宫里呢？在两块石碑被移开后，又一道门赫然出现在人们眼前。石门左右两边的门扇上，各雕刻一尊精美的菩萨像。进门后，地面上是一堆又一堆码叠整齐的丝织品。尽管历经漫长岁月，但这些丝织品依然精美光鲜。在前室尽头，一座汉白玉石塔静静伫立在一角。这座后来被称为阿育王塔的汉白玉石塔，大约有80厘米高，四面有精美的彩绘浮雕，塔盖、塔刹、塔身、塔座均保存完好。千年的谜底，神秘的佛骨舍利，会不会就在眼前的塔里？没想到，阿育王塔后面发现了另外一道石门，门后必然还有密室。这道门的门扇上雕刻着天王力士彩绘浮雕。采用如此造型，是否暗示了门后的世界将非同寻常？第三道门打开后，呈现的是法门寺地宫的中室。中室是一个方形空间，中央放了一个白玉灵帐，这是一个国宝级文物，上面的雕刻非常精细。这个灵帐里会不会藏有人们迫切期待的谜底？

几天后的集中清理中，人们果然在灵帐中发现了一枚舍利，但那是一枚玉制仿制品。因为有发现阿育王塔的经验，在汉白玉灵帐后面，果然又是一道石门，这道门上没有锁。门内是地宫的后室，后室的情景令人震惊，里面围绕着一个宝函竟然摆满文物。

1987年4月13日，考古队连夜清理后室。一件件稀世珍宝小心翼翼地在人们手上传递着。清理工作即将结束时，意想不到的情况发生了。

工作人员发现，后室的土层好像被动过。挖开土，一个密龛显露出来,密龛里藏着一个包裹,里面又是一个铁函。为什么唯独这个包裹被埋在土里?

5月4日,法门寺地宫文物的最后清理工作开始进行,由中科院研究员王㺸和考古学家韩伟主持。最先放到工作台上的,是后室发现的宝函。谁都不会想到,那个沉甸甸的宝函里套着一重又一重的宝函。直到第七重,里面是镶满珍珠的金质宝函,宝函里是一座宝珠顶小金塔。第八重是个纯金塔,打开后,金座子上有个像手指一样的银柱子,上面还有白花花的东西。佛骨问世了!专家对比后,大家都跳起来了,这就是传说中的佛骨舍利。但这仍然是玉制仿制品。

之后,人们的注意力再次转到密龛里发现的铁函上。为了万无一失,考古专家们对其进行了透视。X光机扫描的结果,确定铁函内有异物。5月10日凌晨,韩伟打开了铁函,首先映入眼帘的是一大一小两颗水晶珠,下面是一个被丝绸包裹的鎏金函。鎏金函里有个檀香木函,檀香木函里还有个水晶椁子,水晶椁子里还有一个玉棺。韩伟揭开了玉棺棺盖,玉棺里面又是一枚舍利。

经过专家的考证,这是一枚真正的佛骨舍利。跟志文碑上记载的相吻合:中间有纹,纹并不彻。历经波折,世人终于见到了佛教界至高无上的圣物、世上仅存唯一的佛祖真身指骨舍利。

📖知识链接

舍　利

舍利是指佛教祖师释迦牟尼佛圆寂火化后留下的遗骨和珠状宝石样生成物。2500年前释迦牟尼涅槃,弟子们在火化他的遗体时从灰烬中得到了一块头顶骨、两块肩胛骨、四颗牙齿、一节中指指骨舍利和84000颗珠状真身舍利子。佛祖的这些遗留物被信众视为圣物,争相供奉。不过舍利子跟一般死人的骨头是完全不同的。它的形状千变万化,有圆形、椭圆形,有成莲花形,有的成佛或菩萨状;它的颜色有白、黑、绿、红,也有其他各种颜色;舍利子有的像珍珠,有的像玛瑙、水晶;有的透明,有的光明照人,就像钻石一般。

世界奇观曾侯乙墓

科普档案 ●考古发现:曾侯乙墓 ●发掘地点:湖北随州市擂鼓墩 ●时间:1978年

1978年，考古人员在位于湖北随州市擂鼓墩发掘了曾侯乙墓——为中国战国初期曾国国君乙的墓葬，墓中共出土随葬品15000多件。其中曾侯乙编钟一套65件，是迄今发现的最完整的一套青铜编钟。

曾侯乙墓,为中国战国初期曾国国君乙的墓葬,位于湖北随州市擂鼓墩。葬于公元前433年或稍后,1978年发掘。墓坑开凿于红砾岩中,为多边形竖穴墓。南北长16.5米,东西长21米。内置木椁,椁外填充木炭及青膏泥,其上为夯土。整个墓葬分作东、中、北、西四室。东室置曾侯乙木棺,双重,外棺有青铜框架,内棺外面有彩绘门窗及守卫的神兽武士。中室放置随葬的礼乐器。北室放置兵器及车马器等。西室置殉葬人木棺13具。墓主45岁左右;殉葬者为13~25岁的女性。

墓中共出土随葬品15000多件。其中曾侯乙编钟一套65件,是迄今发现的最完整的一套青铜编钟。青铜礼器主要有镬鼎2件、升鼎9件、饲鼎9件、簋8件、簠4件、大尊缶1对、联座壶1对、冰鉴1对、尊盘1套2件及盥缶4件等。其中尊盘系用先进的失蜡法铸造,表现出战国时期青铜冶铸业所达到的高水平。钟在我国商朝时就已出现,最初只有3~5枚,到周朝增到9~13枚,战国时发展成61枚。人们按钟的大小、音律、音高把钟编成组,制成编钟,演奏悠扬悦耳的乐曲。曾侯乙编钟共65枚,其中1枚是战国时楚惠王赠送的镈。编钟分八组,共分三层悬挂在铜、木做成的钟架上。钟架全长10.79米,高2.73米,由六个佩剑的青铜武士和几根圆柱承托着。65枚编钟的总重量达3500千克,它的重量、体积在编钟中是罕见的。钟上大多刻有铭文,上层19枚钟的铭文较少,只标示着音名,中下层45枚钟上不仅标

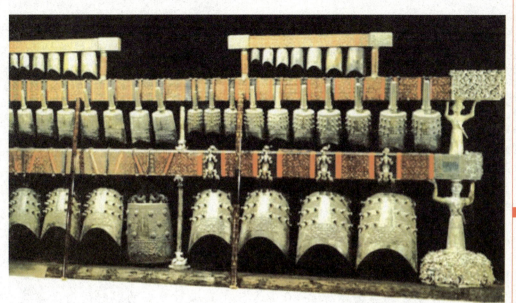

□曾侯乙墓出土的编钟

着音名,还有较长的乐律铭文,详细地记载着该钟的律名、阶名和变化音名等。这些铭文,便于人们敲击演奏。曾侯乙编钟音域宽广,有五个半八度,比现代钢琴只少一个八度。钟的音色优美,音质纯正,基调与现代的 C 大调相同。考古工作者与文艺工作者合作探索,用此钟演奏出各种中外名曲,无不令人惊叹。墓中还出土了编磬、鼓、瑟、笙、排箫等大量乐器,为研究中国古代音乐史提供了珍贵的实物资料。出土的一件漆木衣箱盖上,绘有包括青龙、白虎、北斗图形及二十八宿名称的天文图像,说明中国是世界上最早创立二十八宿体系的国家之一。墓中还出土金盏、金杯、金带钩及长达 48 厘米的十六节龙凤玉挂饰,是曾侯乙生前奢侈生活的具体写照。许多青铜器上有"曾侯乙乍(作持)"之类铭文,为判定墓主提供了证据。

曾侯乙墓出土的漆器有 220 多件,是楚墓中年代最早也是最为精彩的,而且品类全,器形大,风格古朴,体现了楚文化的神韵。

20 世纪 80 年代初,湖北省博物馆、中国科学院自然科学史研究所、武汉机械工艺研究所、佛山球墨铸铁研究所和哈尔滨科技大学等单位上百名科技人员通力协作,采用了激光全息摄影和扫描电镜等现代技术手段,发现我们的祖先早在 2400 多年前就摸索出了铜、锡、铅三种成分的最佳配方,以获得优美的音色;掌握了钟体大小,钟壁厚薄与音高的严格比例,铸造出不同音高的编制系列;设计了"合瓦式"的独特钟形与复杂的钟腔结构,形成了奇妙的一种双音和优美的旋律。这套编钟全部音域贯穿五个半八度组,高音、低音明显,中间三个八度,十二个半音齐备。由于有了完备的中间音,所以能在任何一个音上灵活自如地旋宫转调。尤为可贵的是,钟体和附件上,还篆刻有2800多字的错金铭文,记载了先秦时期的乐学理论以及曾和周、楚、齐等诸侯国的律名和阶名的相互对应关系,这一重大发现,驳斥了所谓"中国的七声音阶是从欧洲传来、不能旋宫转调"的说法。

为了使这套中华乐器史上珍贵的国宝发挥更大作用,科学工作者将曾侯乙编钟进行复制。1983年1月6~9日,中国音协、中国机械工程学会铸造学会、考古学会的学者专家共80多人,在武汉对复制的编钟进行了鉴定。专家通过聆听和比较原件和复制品每个钟的音色、音高,并交替欣赏原件的录音和复制编钟演奏的《胡笳十八拍》《梅花三弄》《浏阳河》《圣诞夜》等中外名曲。他们认为复制品确实达到了原件的音响效果:高音区清脆,明亮,悠扬;低音区浑厚,深沉,气势磅礴。其中演奏出的大多数音乐与原件的差异小于正负五音分之内,为一般听众所难以辨别。

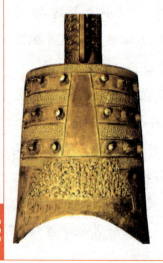

📖 知识链接

编　钟

　　编钟是我国古代的一种打击乐器,用青铜铸成,它由大小不同的扁圆钟按照音调高低的次序排列起来,悬挂在一个巨大的钟架上,用丁字形的木槌和长形的棒分别敲打铜钟,能发出不同的乐音,因为每个钟的音调不同,按照音谱敲打,可以演奏出美妙的乐曲。曾侯乙编钟用料是铜、锡、铝合金,全套编钟上装饰有人、兽、龙等花纹,铸制精美,花纹细致清晰,并刻有错金铭文,用以标明各钟的发音音调,它是公元前433年的实物。可见,远在2400多年以前。我国的音乐文化和铸造技术已经发展到相当高的水平,它比欧洲十二平均律的键盘乐器的出现要早将近2000年。

惊世之作满城汉墓

科普档案　●**考古发现**:满城汉墓●**位置**:河北省保定城西北 21 千米处满城县陵山●**发现时间**:1968 年

> 满城汉墓是西汉中山靖王刘胜及其妻窦绾之墓,是中国目前保存最完整、规模最大的山洞宫殿。两墓的墓室庞大,随葬品豪华奢侈,共出土遗物 1 万余件,其中包括"金缕玉衣""长信宫灯""错金博山炉"等著名器物。

满城汉墓,位于河北省保定城西北 21 千米处满城县陵山,是西汉中山靖王刘胜及其妻窦绾的墓葬,是中国目前保存最完整、规模最大的山洞宫殿。

西汉中山靖王刘胜是汉景帝刘启的儿子,武帝刘彻的庶兄,他在景帝前元三年(前 154 年)被封为中山王,死于武帝元鼎四年(前 113 年)二月,在位时间长达 42 年。中山国位于太行山东麓,大致包括今易水以南、滹沱

□满城汉墓

河以北的地区,首府设在卢奴(今河北定州市)。西汉中山国有十代王,刘胜是第一代王。刘胜墓与窦绾墓均采用以山为陵的营建方式,墓道及墓室凿山而成,呈弧形,平面布局上两墓则大同小异。全墓分为墓道、甬道、南耳室、北耳室、中室和后室 6 个部分,墓室中分别修建了木结构瓦房和石板房,形成了一座功能齐备的豪华地下宫殿。墓内除了华丽的陈设和棺椁外,还出土各类文物 1 万多种。其中仅金银器、玉石器、铜器、铁器等精品便有4000 多件,各类铜灯 19 件,尤以长信宫灯、错金博山炉等最为珍贵。刘胜、窦绾墓出土的两套完整的金缕玉衣,是全国考古工作中首次发现的。满城陵山汉墓的出土文物曾赴欧、亚、美等国和地区展出,受到了国内外高度赞誉。满城汉墓的发现,揭示了西汉时期诸侯王的墓葬结构和埋葬制度,为研究汉代冶炼、铸造、漆器、纺织等手工业和工艺美术等方面的发展情况提供了重要的实物资料。

窦墓在刘墓之北侧,皆坐西朝东。凿山为陵,内部布局完全模仿宫殿建筑。墓室庞大,随葬品豪华奢侈。刘墓全长 51.7 米,最宽处 37.5 米,最高处6.8 米,体积 2700 立方米,由墓道、车马房(南耳室)、库房(北耳室)、前堂(中室)和后室组成。前堂是一个修在岩洞里的瓦顶木结构建筑,富丽堂皇,

□窦墓

象征墓主人生前宴饮作乐的大厅。后室又分石门、门道、主室和侧室。主室象征内寝，内置汉白玉石铺成的棺床，上置棺椁。主室南侧的小侧室象征盥洗室。墓内有完整的排水系统。整个墓道先用石块填满，后在墓道外口砌两道土坯墙，其间浇灌铁水加以严封。

窦墓和刘墓大体相同，体积为3000立方米，外口是在两道砖墙之间，灌以铁水封闭，比刘墓更为坚固严密，其库房和车马房亦比刘墓大。两墓出土金、银、铜、铁、玉、石、陶、漆等器物，丝织品、银乌篆壶和医用金针共1万多件。其中有：长信

□错金博山炉

宫灯，外形是个宫女跪坐执灯的形象，灯高48厘米，通体鎏金，作宫女跪坐执灯状，灯的各部分是分铸而成的，可以随时拆卸，但是结合起来却天衣无缝，构成了一个完美的整体。它的灯盘可以转动，灯罩在圆形轨道内可以开合，所以就能根据需要调节光亮的大小和照射的方向。宫女的体内中空，烛火的烟滓可以通过宫女的右臂进入其体内，使烟滓停滞在灯身中，用以保持室内的清洁。其科学性令人叹为观止。难怪后来当这件文物在美国展出时，前国务卿基辛格连声惊叹：中国人在2000多年前就有环保意识，中国了不起。在2000多年前，就能设计得如此精巧，实乃惊世之作；满城汉墓中出土了错金博山炉、鼎形铜熏炉、带提笼熏炉、透雕盘龙博山炉、骑兽人物博山炉等大量的炉具，其中又以国宝错金博山炉最为精美。它炉身似豆形，通体用刚柔相济的金丝和金片错出舒展的云气，把香料放入点燃，香烟通过炉盖的许多小孔，袅袅上升，弥漫房中。博山，乃古代神话中的仙山，错金是金银镶嵌的一种工艺。炉盘上部和炉盖则铸出高低起伏、挺拔峻峭的山峦，以象征陆地和群山。炉盖上就山势镂孔，山峦间有神兽出没，虎豹奔走，机灵的小猴或是蹲在山峰高处或是骑在兽背上嬉戏玩耍，猎人则在山中巡

猎。一幅秀丽生动的自然山景就在工匠们的鬼斧神工中跃然而出。炉座把上透雕成三条蛟龙腾出波涛翻滚的海面状,以龙头擎托炉盘,在炉座把上的山、海之间饰龙纹,蕴涵着龙为沟通天、地、人三界的通天神兽的时代观念。其工艺之精湛,举世罕见。值得一提的是,国家邮政局特意选取中山靖王墓出土的长信宫灯、蟠龙纹铜壶、错金博山炉、朱雀衔环杯这四件具有代表性的国宝级文物,于 2000 年 10 月 20 日发行《中山靖王墓文物》邮票一套四枚。

刘胜和窦绾都穿着金缕玉衣下葬。"玉衣"是汉代皇帝和高级贵族死后的殓服。玉衣用玉片制成,玉片间以金丝编缀。刘胜的金缕玉衣长 1.88 米,共用玉片 2498 片,用金丝约 1100 克。在"玉衣"内还发现玉璧 18 块,以及饭含、佩戴之物。窦绾的玉衣略小,全长 1.72 米,共有 2160 块玉片,金丝约 700 克。这两套完整的金缕玉衣葬服,是闻名中外的首次重大发现,是十分珍贵的历史文物,堪称国宝。

知识链接

长信宫灯

长信宫灯,中国汉代青铜器。1968 年出土于河北省满城县中山靖王刘胜之妻窦绾墓。宫灯灯体为一通体鎏金、双手执灯跪坐的宫女,神态恬静优雅。灯体通高 48 厘米,重 15.85 千克。长信宫灯设计十分巧妙,宫女一手执灯,另一手袖似在挡风,实为虹管,用以吸收油烟,既防止了空气污染,又有审美价值。现藏河北省博物馆。长信宫灯整体由头部、身躯、右臂、灯座、灯盘和灯罩六部分组成,各部均可拆卸。灯罩由两片弧形板合拢而成,可活动,以调节光照度和方向。灯盘有一方銎柄,内尚存朽木。座似豆形。器身共刻有铭文九处 65 字,分别记载了该灯的容量、重量及所属者。

千年陶都出土的民间古窑

科普档案 ●**考古发现**：罕见的保存完好的民间古窑 ●**发现地点**：长沙望城县铜官镇

在长沙望城县铜官镇，发现一座罕见的保存完好的民间古窑，该古窑据民间传名为"义霄窑"，推测已有200余年历史，是该镇陶业兴盛的宝贵见证，如此完整的古窑在全国乃至世界都极为罕见。

被称为"世界釉下彩陶瓷发源地"的长沙望城县铜官镇，发现一座罕见的保存完好的民间古窑，成为千年陶都铜官镇的又一历史见证。

这座长沙古窑长54米、宽3米多，依山而建，窑床为斜坡式，其火门、风道、烟道等均为砖砌，窑底部有多层烧结面，窑内还残存一些窑具。据湖南省收藏协会理事邱建荣介绍，该古窑据民间传名为"义霄窑"，推测已有200余年历史，是该镇陶业兴盛的宝贵见证，如此完整的古窑在全国乃至世界都极为罕见。位于铜官镇的长沙铜官窑辉煌一时，对世界陶瓷事业做出了重要贡献。但是，铜官窑早已废弃达千年之久，目前仅存遗址。

兴盛于1100多年前的长沙铜官窑，其实是一处唐代的民间瓷窑，遗址位于湖南省东北部的望城县铜官镇和丁字镇一带。考古发掘中出土的大量釉下彩瓷器，证明了这里是釉下彩装饰工艺的发源地。兼任长沙复古

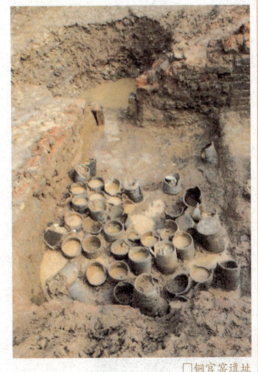

☐铜官窑遗址

产品开发小组组长的邱建荣同时向外界透露,经过上百次研讨实验,已经研制出1000多年前生产长沙窑产品的技术。当地政府将积极配合长沙正在启动的铜官窑遗址保护开发工程,制订长期的保护规划方案,力图使铜官窑再现"十里陶城"的盛世风采。

为了全面地了解陶瓷的历史,作家钱汉东进行了广泛的探求,突破技艺层面,糅合历史学、考古学、社会学、民俗学等视角综合考察陶瓷的模式,完成了《寻访中华古窑》一书。与以往大多有关陶瓷的著作不同,除了有关古窑的专门知识外,《寻访中华古窑》还涉及来自正史、典籍、笔记杂录、古诗词、府志县志以及书法等多方面的知识,对我们了解陶瓷的发展有重要作用。

📖 知识链接

古窑瓷厂

古窑瓷厂由明代款式的手工作坊、画坊和古老的镇窑三部分组成。其生产工具、工序和原料均与明代科学家宋应星所写的《天工开物》中所描绘的相同,保留了古代的风貌,因此使参观者能领略到古老神奇的"手随泥走,泥随手变"的手工拉坯及其全过程,也可观赏到景德镇特有的各种制瓷配套行业的风貌,以及颜色釉瓷、粉彩瓷和工艺陈设瓷的制作流程。在40公顷的土地上,错落有致地分布着博雅苑、风火仙师庙、明清古作坊、古镇窑和陶人画坊等,是一个游览胜地。

神秘的圆沙古城

科普档案 ●考古发现:圆沙古城　　●发现地点:塔克拉玛干沙漠　　●发现时间:1994 年

　　2000 多年以前，曾有一群欧罗巴人种高加索类型的古人生活在塔克拉玛干沙漠腹地，中法两国考古专家历经 12 年，进出塔克拉玛干大沙漠 5 次，初步揭开了新疆年代最为久远的圆沙古城的面纱。

　　新疆文物考古研究所和法国中亚研究所于 1993 年正式实施政府间合作项目——中法克里雅河联合考古，研究人员在 1994 年发现了圆沙古城。

　　2000 多年以前，曾有一群欧罗巴人种高加索类型的古人生活在塔克拉玛干沙漠腹地，中法两国考古专家历经 12 年，进出塔克拉玛干大沙漠 5 次，初步揭开了新疆年代最为久远的圆沙古城的面纱。

　　圆沙古城四边呈不规则形，在古城附近，有大量动物骸骨。考古专家认为，这里发现的织物多以畜毛和皮为主，说明当时这里主要以畜牧、捕鱼和

□圆沙古城

狩猎为主,特别是畜牧业比较发达。古城西侧分布着呈网状的渠道,纵横交错、排列有序,表明这里曾经有发达的农业灌溉。

在古城周围有6处墓葬群,其中两座墓葬的形式很罕见,一个是男女单人仰身屈肢,另一个是两个男人的相向合葬。尸体已经成了干尸,但仍然可以看得出来干尸大都穿着粗毛织物,外罩是皮衣,衣服的胸襟上缝缀了狼皮的装饰品,并配有帽饰和腰带。女性干尸额头上戴环状的铜饰件,在眉心的呈倒三角形,造型十分精美别致,脖子还佩戴着红玛瑙,双手戴的手套是皮质的。男性干尸梳着发辫,戴着假发,头发棕褐色,高鼻深目。经考古专家对其碳十四测定为距今2100年,人种特征属于欧罗巴人种高加索类型。

后来,中法考古专家在圆沙古城以北100千米处,又新发现了一个青铜时代晚期的居住遗址,采集到了一批陶、石、玉、铁、铜、琉璃器等,这对最终全面揭开"圆沙古城"的秘密很有帮助。

🔖 知识链接

高加索人种

高加索人种即白种人,又称欧亚人种,是世界上人口最多的人种,占世界总人口的54%左右。其特征是肤色浅淡;柔软波状的头发,颜色分为金发、红发、天然白发、棕发、黑发;眼色碧蓝、碧绿或棕色;毛发较浓密;颧骨不高突;颚骨较平;鼻子窄而高;唇薄或适中。他们集中分布于欧洲、西亚、非洲北部以及北美洲、大洋洲、南美洲各国,白人比例最高的国家是阿根廷。世界上还有很多民族是白种人的混血民族,比如亚洲的图兰人种(哈萨克、维吾尔、塔吉克等)。

冼夫人墓园下的宫殿

科普档案 ●考古发现:冼夫人墓下宫殿 ●始建时间:隋朝 ●沿用时间:唐朝、五代 ●废弃时间:北宋

广东省文物考古研究所在对南朝至隋初的著名黎族首领,广东省岭南地区杰出的政治领袖、军事家——冼夫人的墓园勘察中,发现了地面建筑基址。专家研究后认定,冼夫人陵园接近于唐代太子、公主陵园的规模。

冼夫人是广东南部越族人,隋时封为谯国夫人,是南朝至隋初的著名黎族首领,广东省岭南地区杰出的政治领袖、军事家。她是南朝高州太守冯宝的妻子,曾带兵平定海南黎族动乱,后来又奏请朝廷建置崖州,使海南与中原恢复了直接联系。周总理称她为"我国历史上第一位巾帼英雄"。在她的故乡有她的墓园"隋谯国夫人冼氏墓"和纪念庙宇"娘娘庙"。在我国,故居、陵园、庙宇同在一地的,只有两个人。一个是孔子(孔府、孔林、孔庙都在山东曲阜),另一个就是冼夫人。

□冼夫人纪念馆

冼夫人积极为百姓办实事,引进种植技术,发展生产,使当地居民过上太平日子。为纪念她维护国家统一、维护黎汉民族团结的功绩,后人在琼山区新坡镇修建了冼夫人庙。"隋谯国夫人冼氏墓"的墓碑,是清嘉庆二十四年(1819年)电白知县特克星阿和电茂场大使张炳重所立。广东省文物考古研究所在对其勘察中,有了一个重大的发现。

□冼夫人雕像

这次勘察的最大收获是发现了地面建筑基址。冼夫人陵园东西约150米,南北约110米,四面有围墙,其高处约2米。建筑坐北朝南,北部为主殿,平面呈凸字形,初步判断属"寝宫"。主殿面宽约22米,进深约10米。主殿前面为天井,天井南部及东西两翼还有建筑,残存铺地砖、柱础、排水池等遗迹。天井旁边保存着有南朝遗风的曲折纹砖及柱础、瓦当、陶瓷器、铜钱等,通过这些可以看出,该建筑始建于隋,沿用于唐、五代,废弃于北宋。专家认定,冼夫人陵园接近于唐代太子、公主陵园的规模。

📖 知识链接

越 族

越族,正式名称为"京族",广泛分布于长江中下游以南的东南沿海地区,是中国南方人口最少的少数民族之一,也是中国唯一的一个海滨渔业少数民族,同时是中国唯一的海洋民族,是中华民族的一部分。京族历史上曾被称为"安南""越族",自称"京族"。1958年5月,经国务院批准,正式定名为"京族"。越族的一支即为今天越南的主体民族,亦称京族,占越南总人口近90%。

鲜为人知的地下长城

科普档案 ●**考古发现**：地下长城 ●**发现地点**：河北省永清县境内 ●**发现时间**：20世纪60年代

河北省永清县，位于京津保三角之间，曾是宋辽两国连年征战的古战场。在永清县境内有一段纵横交错300平方千米的古战道长城，被历史和军事学家们称为"沉睡千年的地下军事奇观"或"地下长城"。

位于京津之间的河北省永清县境内有一段纵横交错300平方千米的古战道长城，被历史和军事学家们称为"沉睡千年的地下军事奇观"或"地下长城"。

河北省永清县，位于京津保三角之间，曾是宋辽两国连年征战的古战场。1948年夏，位于县城西南12千米处的瓦屋辛庄村，成了水乡泽国。村民们在惊慌失措之际，突然听到一声巨响，接着村内洪水全朝西北方向流去，

□河北省永清县境内的地下长城

□古战道

瞬间积水皆无。胆大的村民来到村子西北角一看,只见偌大一个洞口。

　　20世纪60年代,在县领导的要求下,当时的县政府工作人员,后来曾任县统计局局长的李景泰,带着枪、匕首、粉笔、蜡烛,从洞口钻了进去。李景泰回忆说:"下去以后,我们发现了地道。面积约有150平方米左右,而且洞的四壁有十几道小门,每个门连着一个地道,曲曲折折的。洞内有小屋,屋内有炕,炕上有灯台,有的还有未燃尽的蜡烛。"20世纪80年代末,在上级部门的支持下,永清县组织力量成立了古战道开发小组。经过多方考察考证,发现古战道在永清县分布极广,覆盖面积约为300平方千米。

　　古战道,就是古代的军事工程。永清的古战道不仅规模宏大、分布点广,而且洞体结构复杂、布局严密。在设施上,既有翻眼、掩体、闸门等军用设施,又有气孔、置灯台、土炕等生活设施。经考察,永清县境内出土的素面青砖,与雄县祁岗宋代地道砖属同一规格。由此可以断定,古战道当为宋代所建。鉴于古战道工程量浩大,分布面广,用砖数量相当可观。因此,专家们断定,这在当时一定是由权威的主管部门直接策划的国家级工程。

　　据《永清县》志记载,宋代时永清的北境已属辽国。专家们引证有关文献资料,经过反复的研究考证,最后认定古战道建于公元1000年前后的宋辽时期。专家指出,我国古代军事上的地道多是用于攻城的。永清县古战道发展了攻城术,将地道用于军事防御,因而应该说是我国军事史上的重大发现。古战道的这一功能丰富了我国古代军事学的内容,也反映了当时人们的智慧与创造能力。

专家指出,在宋代,古战道是重要的军事防御工程。在现代,对古战道的发现与挖掘,也具有一定开发价值与经济价值。专家介绍说,目前在永清、雄县和霸州等地,综合已发掘到的、有文字记录的、民间传说的地下古战道分布情况看,古战道区东西长约65千米,南北宽约25千米,面积约1600平方千米。这个规模宏大的建筑,不仅表明了我国古代劳动人民的勤劳智慧,也使我们对宋代的战争有了进一步的了解。

📖 **知识链接**

雄县古战道

2007年5月,中国文联命名雄县为"中国古地道文化之乡","中国古地道文化研究中心"同时成立。2009年5月,"宋辽古战道遗址公园"建成开放。雄县历史悠久,文化积淀深厚,以雄扼北疆要冲而闻名史册。唐代于此设瓦桥关,北宋为边陲三关之首,名将杨延昭驻守三关16年,开掘战道百余里,留下众多抗击辽兵的遗址和传说。目前,当地已修复并对游客开放的大台遗址东西长90米,南北宽73米,地上为点将台,地道内结构复杂,有掩体、放灯处、议事厅、藏兵洞、迷魂洞、休息室、翻板等,顶部还设有通气孔,堪称"地下长城"。

与世隔绝的地下基地

科普档案 ●考古发现:地下基地 ●位置:乐昌市坪石镇巨石山下 ●始建时间:20世纪70年代

在乐昌市坪石镇一座外表平平无奇的巨石山下,深埋着一个神秘地下基地。这个封闭的地下世界位于高山环绕的盆地中央,面水而立,里面重重铁门道道关卡,通道纵横交错,如同迷宫,却以自己的独特魅力吸引着人们的视线。

乐昌市坪石镇自古为兵家必争之地,是极重要的天然战略屏障。坪石镇一座外表平平无奇的巨石山下,深埋着一个神秘地下基地。据曾在此地生活多年的居民介绍,基地始建于20世纪70年代,次年突然停止施工。建设之初,当地来了大量的工程人员,有关部门还在武江河边铺设了一条专用小铁路来运送各种建设材料。有人称当时建设这个基地是为铁路部门调度战备物资所用,也有人称它为战时指挥枢纽,更有人称之为"备战、备荒"

□乐昌市坪石镇的地下基地

年代的遗留物。

这个神秘的基地位于高山环绕的盆地中央，面水而立，群山之中仅有一条只容两辆汽车通过的狭小道路与外界相通。该工程占地两万平方米，地下面积6000平方米，完全贯通了岩顶山，其中最主要的一个入口深深隐藏在粤北丘陵之中的石头山下，如无向导指引根本无法发现山下竟然隐藏着一个如此庞大的地下建筑。踏进石头山下的入口，首先见到的是4扇在10米距离内一字纵向排开的铁门，每扇铁门都厚达8厘米，铁门一旦全部关上，庞大的地下基地就完全"与世隔绝"了。在4扇大铁门后的侧面有一个只有10平方米左右装满了水管的"消毒室"。

越过4扇厚重铁门，一条宽约2米的狭长幽深地道通往深处。上方一条巨大的通风管随地道蜿蜒而行。走在庞大的地下工程中，空气流通非常好，一点也感觉不到沉闷压抑。在这个封闭的地下世界里面，重重铁门道道关卡，通道纵横交错，如同迷宫，人在里面非常容易迷路。这个形如迷宫的与世隔绝的地下基地，以自己的独特魅力吸引着人们的视线。

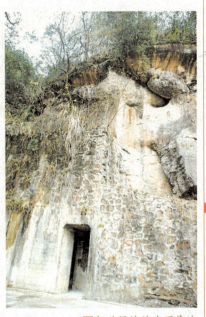

□ 与世隔绝的地下基地

🔶 知识链接

粤 北

粤北，即广东省北部地区，通常指韶关、清远两个地级市下辖区域，有时也将河源算入。粤北地区有悠久的历史，是唐朝重臣张九龄的出生地。粤北，是广府民系南迁的重要中转站；同时，粤北也是客家民系形成与发展的重地。

三

最大的古代窖藏粮仓

科普档案　●考古发现:最大的古代窖藏粮仓●位置:河南洛阳老城北●始建时间:隋大业元年(605年)

20世纪70年代，河南省考古工作者对隋朝兴建的含嘉仓进行调查和发掘，发现仓内粮窖分布密集，形制结构科学，仓城中部的一个粮窖甚至还存留着当时储藏的谷子。

据史书记载，隋朝为了储存由全国各地运到东都洛阳的大批粮食，在宫城东北建含嘉仓城。到了唐代，又对含嘉仓不断修筑、扩大，使它成为当时大型官仓之一。

20世纪70年代，河南省考古工作者对含嘉仓进行了调查和发掘，发现城内粮窖分布相当密集，东西排列成行，行距一般为6~8米，部分行距仅3米左右。窖与窖的间距一般为3~5米。窖都作口大底小的圆缸形。现存窖口直径最大的18米左右，深12米左右，最小的口径8米左右，深6米左右。在仓城中部发现的一个粮窖(编号为窖160)，还存留着当时储藏的谷子。粮窖的形制结构十分科学，既能防潮，防鼠患，又能防盗，防火。大体是先从地面向下挖一土窖，夯实，再用火烧烤。窖壁下部呈黑红色，相当坚硬。然后铺一层用红烧土碎块和黑灰等拌成的混合物，作为防潮层。在防潮层上再铺一层木板层

□含嘉仓

或木板和草的重叠混合层。以窖50为例,所铺木板厚2厘米多,为乳白色。在木板上又铺一层席子。从窖底到窖口,窖壁都围上壁板。壁板横行排列,直接镶砌在窖壁上。板的一端平齐,另一端削成尖状,或两端均削成尖状,相互穿插交错,拼在一起。壁板一般长0.7~3米,中宽0.05~0.4米,厚2厘米左右。

根据窖160现还堆积着较高的谷子(已炭化)来看,壁板是随储粮增加逐步往高处镶砌的。粮窖顶部结构,是先用木板搭成由中心向周围撑开的木架,架上平铺一层席,席上再用草束(草束中有木棍)聚成圆锥形草顶。为了坚固或密封,在草顶上又涂一层很厚的混合泥。考古工作者按照窖160内现存谷子的总储量推算,当年这个窖能储放粮食约25万千克。含嘉仓大部分窖内发现了砖刻铭文,记载窖穴的位置、品种、编号、数量、储粮来源、入窖年月以及管理人员的姓名和官职等。估计是粮食进窖一次,就砖刻一次,作为登记备查。含嘉仓的储粮,主要是当时华北地区运去的租粟和江南地区运去的租糙米。

现在,国家已将发掘的窖160建屋保护,成为我国现存古代最大粮窖的陈列馆。

📖 **知识链接**

含嘉仓

含嘉仓遗址位于今洛阳老城区的北侧,是隋、唐时期大型官仓之一。东西宽约600米,南北长约700米,总面积42万平方米。1971年开始对仓城遗址进行发掘。在仓城内密集且有秩序地排列着400多座东西成行缸式地下粮窖,可储粮580多万石,占当时全国主要粮食储粮总数的一半。仓窖有大小之别,根据遗址中所出铭砖记载,大窖储粮一万数千石,小窖可储千石余。粮入窖时,要将储粮的时间、数量、品种、来源、仓窖位置及授领粮食的官员姓名,都要刻于砖上,放置窖中。含嘉仓城设有管理机构,且驻有军队,守护仓城。

石像生最多的陵墓

科普档案 ●考古发现：石像生最多的明皇陵 ●位置：安徽省凤阳县西南 8 千米 ●始建时间：1366 年

在安徽省凤阳县西南 8 千米，距明中都城西南 5 千米，有一座明皇陵，是明太祖朱元璋父母的陵墓。在这座陵墓前，有 32 对石像生，加上华表共有 36 对，这是现存陵墓前石像生最多的一座。

石像生是指在皇陵神道两侧相对排列的石雕人物、禽兽等的统称。由于秦始皇曾以他生前大将翁仲之像立在他的陵前，所以，也有人把陵墓前的石人像称为"石翁仲"。

帝王陵前神道上排列石像生仪仗队的历史，由来已久。自秦汉以后又有了一些发展，可惜的是，唐代以前，帝王陵墓多遭毁坏，石雕几乎荡然无存。因此，陵前这支仪仗队的数目有多少，已无从查考。

在安徽省凤阳县西南 8 千米，距明中都城西南 5 千米，有一座明皇陵，是明太祖朱元璋父母的陵墓。在这座陵墓前，有 32 对石像生，加上华表，共有 36 对，恰恰比规定的 18 对增加一倍，这是现存陵墓前石像生最多的一

□石像生最多的明皇陵

座。现在这些石像生有独角兽二、石狮二、石马及控马人二、石虎二、石羊二、石人二等，其中缺石马一对，只存 31 对。石像生立于洪武二年（1369年），应是元朝人所雕琢，所以带有元代风格。皇陵碑立于洪武十一年（1378年），文为明太祖朱元璋亲撰。全文 1105 字，楷书。内容包括家史、朱元璋青年时为僧史、明开国史和其他等四个部分。据考证，皇陵碑文对《元史》《明实录》《明史》等史籍，具有证史、补史、校勘史的作用。

汉墓前的石像生，保存较好的是汉武帝茂陵陪葬的霍去病墓石刻。唐代则以高宗和武则天合葬的乾陵保存得较为完整，石像生共有 18 对（外国王宾像不在此数内）。宋代诸陵的石像也不过 10 余对。到明清时期才形成陵前置 18 对石像生的规格。北京明十三陵、清东陵和西陵的主神道两侧都是排列了石人石兽 18 对。但是，朱元璋父母的明皇陵是现存石像生最多的一座陵墓。

这些石像生象征着主人的身份和地位，尽管很多石像生遭到破坏，但现有的石像生还是向我们描述了历史的演变和发展。

📖 知识链接

朱元璋

明太祖朱元璋（1328～1398 年），汉族，明朝开国皇帝。濠州钟离（今安徽凤阳）人。原名朱重八，后取名兴宗。25 岁时参加郭子兴领导的红巾军反抗元朝暴政，龙凤七年（1361 年）受封吴国公，龙凤十年（1364 年）自称吴王。元至正二十八年（1368 年），在基本击破各路农民起义军和扫平元的残余势力后，于南京称帝，国号大明，年号洪武，建立了全国统一的封建政权。朱元璋统治时期被称为"洪武之治"。庙号太祖，谥号开天行道肇纪立极大圣至神仁文义武俊德成功高皇帝。葬于南京明孝陵。

蒂卡尔国家公园

科普档案 ●**考古发现:**蒂卡尔国家公园 ●**位置:**危地马拉东北部的热带丛林深处

蒂卡尔国家公园是迄今人们了解最多、规模最大的玛雅古城之一。从中发掘的 3000 余座建筑表明,这里是平原玛雅帝国的最大首都和玛雅文明的中心,反映了哥伦布发现新大陆之前玛雅文明最高的工艺水平和文化成就。

蒂卡尔国家公园坐落在危地马拉东北部的热带丛林深处,是迄今人们了解最多、规模最大的玛雅古城之一。然而这座古城只是在最近 25 年才被发掘者揭开了面纱。

发掘出的 3000 余座建筑,从已填平的陋室到巨大的金字塔庙宇,为考古学提供了充足证据,这些证据表明这里是平原玛雅帝国的最大首都和玛雅文明的中心,反映了哥伦布发现新大陆之前玛雅文明最高的工艺水平和文化成就。蒂卡尔城最高的建筑是 6 座傲然耸立的金字塔,石灰石构筑的金字塔平台在茫茫森林中矗立而起,顶端各有一座小庙。最高的一座金字塔自底部至顶端高 70 米,是美洲印第安人修造的最高建筑物。蒂卡尔的庙宇宫殿皆环绕广场和庭院而建,建筑物前雕刻的石碑和祭台林立成行,井然有序。宽阔的石阶路自外部庙堂通向中心广场。城市用水由蓄藏量丰富的地下水库供应。蒂卡尔堪称建筑奇迹,尤其在缺乏车辆、滚轮和拖曳牲畜的条件下建造如此辉煌壮丽

□蒂卡尔国家公园

的都市，实在令人惊叹。

蒂卡尔经历了玛雅文明的黄金时代（公元300~900年）。这是一个修建巨型纪念物、发明象形文字（其中大部分至今尚未破译）和制造复杂计时器的时代，也是制陶工艺和宝石加工按照独特风格蓬勃发展的时代，这种风格以自然主义的叙事场面为主要特征。比如石碑上雕刻有祭司或显要人物的头像，以及铭文和按照玛雅历法推算的年份日期。石碑铭文最早的年份为公元292年，最晚的是公元899年。出于至今仍不十分清楚的原因，后来这座城市的人口慢慢地减少，以至整个城市最终被遗弃。对于类似蒂卡尔这样的中心城市的作用还不十分清楚。巨大的建筑物内部空间狭小，光线暗淡，其原因可能是覆盖建筑物的挑头式拱顶窄小所致，也可能是玛雅人为保持他们庆典仪式的神秘性而故意为之。但是，考古学家们普遍认为：那些坐落在长1200米、宽800米的长方形地段内的建筑物仅仅作为行政管理和举行仪式之用，所有居民（大约有5万人）都居住在环城而建的城郊居民区中。城内还有许多庙宇和圈围起来的球类游戏场，庙宇的过梁和由过梁构成的门楣上皆刻有反映玛雅国王登基盛况的浮雕，这一切都再次证实蒂卡尔在玛雅礼仪庆典方面具有重要的地位。尽管蒂卡尔的植物生长繁茂，但大多都很脆弱。这里的动植物品种繁富，其中最为珍贵的当属佩腾孔雀。

蒂卡尔城于20世纪30年代初被确定为国家级历史建筑，在其周围24平方千米的范围内设立标志，辟为国家公园。

📖 **知识链接**

玛雅文明

　　玛雅文明是拉丁美洲古代印第安人文明、美洲古代印第安人文明的杰出代表，以印第安玛雅人而得名。约形成于公元前2500年，主要分布在墨西哥南部、危地马拉、巴西、伯利兹以及洪都拉斯和萨尔瓦多西部地区。玛雅文明在物质文化、科学艺术等方面有很大成就。玛雅文明的建筑工程达到世界最高水平，能对坚固的石料进行雕镂加工。通过长期观测天象，已经掌握日食周期和日、月、金星的运动规律；雕刻、彩陶、壁画都有很高艺术价值，被称为美洲的希腊。

神秘的庞培古城

科普档案 ●考古发现：庞培古城　　●位置：意大利南部那不勒斯附近，维苏威火山西南脚下

> 庞培古城位于意大利维苏威火山下，它始建于公元前 8 世纪，曾经繁华一时。但是维苏威火山大爆发埋葬了这座美丽的城市。1600 多年后，这座古城才被发现。此后，经过了 200 多年的挖掘，这座沉睡了近 2000 年的城市重见天日。

古罗马庞培古城，消失的城市，它究竟在哪里？

维苏威火山位于意大利那不勒斯市东南，它巍峨峻峭，海拔约 1300 米，每次喷发后它的高度均有变化。它原是那不勒斯海湾中的一个小岛，后经一系列火山爆发，堆积的喷出物将其与陆地连成一体，呈 3 个貌似互相嵌入的圆锥形火山。火山口是内壁直立的大圆洞。维苏威火山每次喷发，都给人类带来极大的损失与痛苦。

距今 1900 年前，在维苏威火山的附近有一座名叫庞培的古城，当时有

□维苏威火山

□庞培古城

2万多居民。然而，一场毁灭性的灾难降临到了庞培城。这天午后约1点多钟，离城约10千米处的维苏威火山突然喷发了。顷刻之间，天色昏暗，大地摇撼，连平日里平静似镜的那不勒斯湾也翻腾起汹涌的浪涛。就在维苏威火山大发脾气，乱施淫威时，天上又下起了大暴雨，引起了山洪的暴发。刹那间，山洪挟带着无数石块和火山灰，形成一股巨大的泥石流，以不可抗拒的气势，向山下猛烈冲去。很快，庞培这座建于公元前6世纪的古城，便被无情的泥石流吞没，埋没起来，而且赫库兰尼姆城和斯塔比亚城也在维苏威火山大喷发中遭到毁灭性灾难。

1000多年过去了，世人已不知曾有过一个名叫庞培的古城，就是研究历史的学者也只是在查阅罗马古书时，才知道有过这么个庞培城，但它的遗址到底在哪里，谁也不知道。18世纪初，意大利农民在维苏威火山西南8千米处修筑水渠时，从地下挖出了一些古罗马的钱币和一些经过雕琢的大理石碎块。几年后，人们又在附近挖出一块石块，石块上面刻有"庞培"的字样。人们这才知道，原来庞培古城就在脚下沉睡。于是，从19世纪60年代起，考古学家开始了有计划的庞培城发掘工作。经过200多年断断续续的发掘，这座在地下沉睡了千年的罗马古城，大部分已经重见天日，现在，人

□重见天日的庞培古城

们可以像当年进入庞培城一样，漫步在宽敞平坦的大街上，领略这座千年古城的风貌。

　　重见天日的庞培城约有 1 平方千米，四周绕有石砌城墙，设有 7 个城门。城市纵横各有 2 条笔直的大街，使全城呈井字形，分成 9 个地区，每个地区又有小的街巷。大街上铺着 10 米宽的石板，两旁还设有人行道；街巷的路面，则是用石块铺成的。每个十字路口都设有水池。水池全是石制的，上面饰有精美的雕像，里面储存着清澈的泉水。这些泉水可是来之不易呀！因为城里没有涌泉，所以这些泉水是通过平地架起的引水槽，伸到城外，将城外山上的清泉引到城内最高处的一个水塔里，然后再流向各公用水池和富豪家中庭园的喷泉池的。城内最宏伟的建筑物，都集中在西南部一个长方形广场的四周。这里就是当年庞培城政治、经济和宗教的中心。广场的东南部，是庞培城官府的所在地，权贵高官都在这里办公、议事，它的另一面是法院。这是一座两层楼的长方形建筑物，也是商人们订立贸易合同的场所。当地生产的葡萄酒、呢绒和玻璃制品，以及东方的香料、宝石、中国的丝绸、非洲的象牙，都是在这所建筑物里洽谈成交的。广场的东北部是商场。从已经发掘出来的情况看，当时这里店铺鳞次栉比，商品琳琅满目，生意非常兴隆。发掘时,人们发现在一个水果铺的货架上,摆满了杏仁、栗子、无花果、胡桃、葡萄等各种果品,这些果品虽经历了 1000 多年的黑暗遭遇,但从外形上还能辨别出来。在一家药铺的柜台上,人们看到了一盒药丸,药丸已经变成细末,旁边有一根细小的圆药条。很显然,当药剂师正在搓药丸时,突然遭到灾难,忙于逃命之中,将其弃之不顾了。人们还在一家面包房的烘炉里(当时的店铺多兼作手工作坊),发现了一块烤熟的面包,它不仅保持着原来的外形,而且上面还印有面包商的名字,这名字历历可见。在庞培城的东南部,有两座规模宏大的公共建筑物——竞技场和大剧场。竞技场是在公元 70 年,也就是庞培城被埋前 9 年建造的,可以容纳当时庞培城的所有居民。目前,维苏威火山和庞培古城一样,成了意大利南部的自然风景区和旅游胜地。每年都吸引了无数的游客前去观光、游玩。

古城庞培之谜的揭开,使人们完整地了解了公元前 1 世纪罗马帝国城市的真实情况。

神秘的庞培古城

📕**知识链接**

庞培城的圆形大剧场

庞培城里有多座圆形大剧场。其中用作角斗的圆形竞技场比著名的罗马竞技场还要早建 51 年。这里主要表演角斗,包括人与人、人与兽之间的角斗,有时也举行体育赛事。圆剧场外围的围墙高达 2 米多,墙上绘有许多狩猎、竞技的壁画,反映出当年人们的生活状态。城市里还有另外一大一小两个剧场,多用于戏剧和音乐演出。

图坦卡蒙陵墓

科普档案 ●考古发现:图坦卡蒙陵墓 ●位置:开罗市西 100 多千米 ●发现时间:1922 年

图坦卡蒙陵墓位于古代埃及首都底比斯。自从埃及第十八王朝法老图特摩斯一世在这里建造了第一个隐蔽的地下墓室后,他的后继者们竞相仿效,经历了约 5 个世纪的漫长岁月,共修建了 30 多座法老的陵墓。

图坦卡蒙陵墓,是驰名世界的"帝王之谷",也是考古学家们的乐园。千百年来,这里也是盗墓贼们经常光顾的地方。这里是古代埃及首都底比斯的所在地,距今开罗市西 100 多千米。自从埃及第十八王朝法老图特摩斯一世在这里建造了第一个隐蔽的地下墓室后,他的后继者们竞相仿效,经历了约 5 个世纪的漫长岁月,共修建了 30 多座法老的陵墓。

这里的古陵,由于殉葬品丰厚,历史年代久远,一直是盗墓贼们觊觎的目标。到了 20 世纪初,那些古陵几乎没有一处未被骚扰、劫掠。然而,"帝王之谷"内,却有一座陵墓保存得非常完好,为后人保存下了 5000 多件珍贵的文物。这座陵墓的主人,就是距今 3000 多年前古埃及第十八王朝的法老图坦卡蒙。

□ "帝王之谷"

□图坦卡蒙陵墓

图坦卡蒙是古埃及新王国时期第十八王朝法老(前1334~前1323年),人们对他最多的印象,莫过于那张独具一格的金色面具。他原来的名字叫"图坦卡吞",意思是"阿吞"的形象,后改为图坦卡蒙,意思是"阿蒙"的形象。说明他的信仰从崇拜阿吞神向崇拜阿蒙神转变。图坦卡蒙并不是在古埃及历史上功绩最为卓著的法老,但却是在今天最为闻名的埃及法老王。

图坦卡蒙为现代西方人广为熟知是因为他的坟墓在3000年的时间内从未被盗,直到被英国探险家哈瓦德·卡特在卡尔纳冯伯爵的支持下发现他的墓葬,并挖掘出大量珍宝,从而震惊了西方世界。当图坦卡蒙登基时,大金字塔就已经有1250年的历史了。他死时只有19岁,他的墓未被人盗过,因为他修建的金字塔在他死时还没修好,被后来的宰相阿伊看中,图坦卡蒙只是被葬在一个很小的地方,所以他的墓是唯一没被盗过的。

整座墓由前室、墓室、耳室及库室组成。除墓室外,所有的地方都放满了家具、器皿、箱匣等各类器物,其中包括墓主人的宝库。墓中的每件器物,都以金银珠宝装饰而成。在墓室中还发现了两尊真人大小的乌木镀金雕像,学者们认为这就是图坦卡蒙的形象。这两尊雕像生动逼真、栩栩如生,充分反映了古代艺术家们高超的技术和丰富的想象力。在8年的挖掘过程中,人们在墓中发现了2000多件文物,墓中奇珍异宝非常丰富。图坦卡蒙

□古埃及第十八王朝的法老图坦卡蒙

的石棺与陪葬品原本是他的一个祖先要用的。因为谁也没想到他这么早死，临时来不及特别为他准备，只好先拿别人的给他用了。图坦卡蒙著名的黄金面具大约重 10.23 千克。图坦卡蒙的木乃伊由 3 个人形棺与 3 个外廓层层保护，每一个的大小恰好卡进另一个，手工技艺相当精细。最内一层的人形棺由 22K 金打造，重 110.9 千克，依当前市价来算大约是 150 万美元。最外一层的外廓大到可以当中型汽车的车库。图坦卡蒙的坟墓中有一个个人小型急救箱，里面除了一些急救药品外，还有绷带和类似骨折时用的吊带。据卡特估算，图坦卡蒙的墓中大约有 350 升的珍贵油品，大多存放在一些石头瓶里。图坦卡蒙并不孤单，他坟墓里还有两个流产的女婴陪他。

图坦卡蒙是个时尚男士，酷爱流行物品。在他坟墓中发现了大批衣物，衣物旁还有一个依他体型而做成的木制模特儿。另外还发现了图坦卡蒙洗礼时用的围巾，质料好，手工又细。图坦卡蒙大约有 100 双鞋，有用皮做的，有用木头做的，也有用柳条编的，甚至还有用黄金做的。在图坦卡蒙墓中有 30 多种品牌的酒，其中有一种是"图坦卡蒙牌葡萄酒"，上面还标有年份、葡萄产地和制造商。图坦卡蒙墓中有 30 只回力棒。在古代回力棒是用来打猎的。除了金棺和金面具外，往往被人提及的大件是皇后给法王身体涂油的王座、两尊如真人大小的木雕哨兵和雪花石膏箱。其中的雪花石膏箱最耐人寻味，4个雪花石膏罐子，盖子是图坦卡蒙头像，里面放了什么？罐子里竟然放着小法老的肝、肺、胃和肠子。

卡特花了大约5年的时间来挖掘图坦卡蒙的坟墓，花了8年时间清理，以及花了将近10年的时间为坟墓里发现的约5000件左右的陪葬品编目。不过在他有生之年，他从未把这些惊人发现与整理结果印制发行。

撩开它的面纱，使人们大开眼界。它不仅使人们看到了3200年前新王国时期法老的葬制、礼仪以及法老本人的形貌、服饰、日常生活用品、珍贵的艺术品、车马武器等，还真实地反映了3200年前新王国时期的社会经济、政治思想、宗教文化、科学技术等多方面的情况。一些考古学家激动地把图坦卡蒙的陵墓称誉为"埃及新王国社会的缩影"，应该是毫无夸张的。

📖知识链接

黄金面具

黄金面具是公元前14世纪时的埃及法老图坦卡蒙死后所戴的面具，发现于他的陵墓中。面具由金箔制成，嵌有宝石和彩色玻璃。前额部分饰有鹰神和眼镜蛇神，象征上、下埃及（上埃及以神鹰为保护神，下埃及以蛇神为保护神）；下面垂着胡须，象征冥神奥西里斯。黄金面具是世界上最精美的艺术珍品之一。图坦卡蒙的陵墓是在1922年被发现的，保存完好，藏有数千件手工艺品和器物，包括黄金、珠宝、雕像等。黄金面具高约50厘米，现藏于开罗的埃及博物馆。

死亡的山丘摩亨佐·达罗

科普档案 ●**考古发现:**摩亨佐·达罗遗址 ●**别名:**死丘 ●**位置:**巴基斯坦南部的信德省拉尔卡纳县

摩亨佐·达罗是印度河流域文明的重要城市，有古代印度河流域文明的大都会之称，大约于公元前 2600 年建成，该段时期的其他古文明包括古埃及、米索不达美亚及克里特岛文明。

摩亨佐·达罗考古遗址，位于巴基斯坦南部的信德省拉尔卡纳县，靠近印度河右岸。1980 年联合国教科文组织将摩亨佐·达罗考古遗址作为文化遗产，列入世界遗产名录。

今巴基斯坦所在地区最早的文明，是在肥沃的印度河流域发展起来的。约公元前 2500 年时，这里已出现规模较大的城市，其中之一就是摩亨佐·达罗。20 世纪初，一个振奋人心的考古发现，解开了长期以来历史学家为之争论不休的一个科学课题——谁是印度古代文明的主人。随着哈拉帕

□摩亨佐·达罗考古遗址

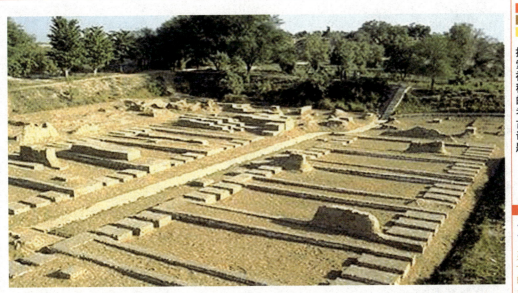

□哈拉帕遗址

和摩亨佐·达罗古城的发现和发掘,迷雾终于被拨开,历史以其无可辩驳的事实,向世界宣布:是黑色皮肤的土著居民——达罗毗茶人创造了印度古代灿烂的文明,而不是入侵的雅利安人。印度河流域无愧是世界文明的发祥地之一。

这两座古城遗址连同此后在印度河流域陆续发现的其他古代城市文化遗址,分布在东西约1500千米,南北约1100千米的广袤地区,历史学家将它们称之为哈拉帕文化。这些古城中又以摩亨佐·达罗和哈拉帕两城规模最为宏大。从遗址的发掘中,人们惊异地看到了古代达罗毗茶人非凡的创造历史的伟力。摩亨佐·达罗的城市总体规划非常先进且又极为科学,在当时可谓土木工程中的一项伟大成就,无怪乎很多人将其称为"青铜时代的曼哈顿"。城市整个被分为好几个部分,包括一座位于高处的"城堡"和地势较低的城区。一条宽阔的大马路自北向南纵贯城市,每隔几米就有一条东西向的小街与之成直角相交。此外,还有小巷组成的不规则的路网与小街相连,住宅房屋的墙壁很厚,表明至少是两层楼房,大多数为多间建筑,有些房子很大,包括几套院落,有些则是简陋的单间房屋。房屋是用烧制的砖块建成的,据考古学家称,"砌砖的精细程度几乎无法再提高了"。大多数住宅的底楼正对马路的一面均为毛坯,没有窗户——这种旨在防止恶劣天气、噪音、异味、邻人骚扰和强盗入侵的城市习俗至今仍为近东地区的许多地方遵行。通常房屋正门位于后面的小巷,对着一个宽敞的门厅,向前是一个院落,房屋的采光、通风良好。

当欧洲人还生活在村庄里,英伦王岛上的巨石阵正在建造的时候,生活在印度河流域的哈拉帕人已经拥有了世界最先进的供水和排污系统。在摩亨佐·达罗,一个水井网络为每个街区提供方便的淡水来源。几乎每户人家都有沐浴平台、许多家庭还有厕所。城中还有一个范围广大的排水系统将多余的水带走。于1925年发掘出的大浴池是被一个大建筑群包围的砖砌大水池,位于城市公共部门的正中心,盛有一池深水,它在当时是一个技术上的奇迹,在古印度的建筑中也是独一无二的。

大多数研究者认为大浴池不仅仅是一个公共洗浴区。大浴池和众多的沐浴平台暗示洗礼仪式在当时的社会中非常盛行,这种仪式今天在巴基斯坦和印度仍很普遍。据考古学家推断,摩亨佐·达罗时期,商业、农业、加工业等行业都极为发达。虽然限于当时的生产和经济水平,一般人的生活方式可能相当简单,但考古发现仍不乏奢侈品。在艺术上,有一件高19厘米的男子石雕像,是在摩亨佐·达罗发现的少数石雕之一,堪称精品。一些精美的金属制品、珠宝饰品和陶器也不断被发掘出来。此外,在摩亨佐·达罗还发现大量刻有神秘文字或图案的印章。几乎比创造出这些奇迹更难以解释的是摩亨佐·达罗这个伟大城市的文明在公元前2000年上半叶的某个时候一下子消失了,几乎没留下任何延续的痕迹。关于摩亨佐·达罗毁灭的原因众说纷纭,外族入侵、洪水泛滥、沙漠侵害……至今无人能够破译印章上谜一般的文字,这些掌握了象形文字、雕刻艺术并有着城市规划天赋的聪明人究竟是从哪里来的? 没人真正知道。他们连同他们创造出的这些高级文化似乎是从远古奇异稀薄的空气中偶然生成,又突然间消失了。

遗存在城里的还有各种农业生产器具和手工业工具;农产品有棉花、麦类、椰枣、瓜果;家畜家禽已广为驯养,品种有水牛、绵羊、骆驼、狗、马、鸡等;工业品有素陶、彩陶、纱、布、青铜器皿;最引人注目的是遗物中还发现刻有犀牛的印章以及大量的石制砝码。从对比中,我们知道当时达罗毗荼人已掌握了十进位制的计算规则，重量的基本单位是0.86千克。一具用贝壳制成的尺子的碎片上镌有精密的刻度；城里还发现有船只，这使人们相信，当时在农业和手工业相当发展的基础上，商业也已经发达起来。许多商人聚集在城里经营商业，并且跟海外发生了贸易往来。出土的文物中，还有大量造型精美的艺术品，如小雕像、骨刻、绘画等，其中护身符印章尤多，达2000余枚。令人耳目一新的是印章上的动物形象和文字符号，据统计将近有400个左右，有人形、鱼形、脚形、桌形等，虽迄今未能准确辨认，但人们却有理由判断，当时的文化艺术水平已经达到很高的程度。

总之，摩亨佐·达罗是一座繁荣美丽的古代城市。同时也说明在公元前2500年左右，印度次大陆地区已经进入了早期的国家阶段。这座城市也许是当时统治者的都城。

虽然摩亨佐·达罗的繁荣经历了漫长的几个世纪，然而，在历史学家的眼里，也只能是一瞬间的过眼烟云。到了公元前18世纪中叶，哈拉帕文化突然衰落了，印度河流域很多地方遭到了毁灭性的打击，尤以摩亨佐·达罗为甚。发掘中除燃烧的残迹外，街头巷尾，到处都是男女老少的尸骨，整座城市变成了一片废墟，人们称之为"死亡的山丘"。

🔖 知识链接

《摩诃婆罗多》

《摩诃婆罗多》是古印度两大著名梵文史诗之一，另一部是《罗摩衍那》。《摩诃婆罗多》现存的写本是在一部史诗的基础上编订而成，其中不但有长篇英雄史诗，而且有大量的传说故事作为插话，还有宗教哲学及法典性质的著作，因此篇幅很长。《摩诃婆罗多》书名的意思是"伟大的婆罗多族的故事"。它的成书年代约在公元前4世纪～公元4世纪之间。史诗是纪元前后几百年间许多人积累和加工的产物。它有许多不同的手写本流传下来。印度浦那版的精校本根据所有写本整理校刊，在20世纪60年代出版。此外还有南印度传本的校刊本。

荷马史诗中的特洛伊

科普档案 ●**考古发现:**特洛伊遗址 ●**位置:**小亚细亚半岛西端赫勒斯滂海峡(即达达尼尔海峡)东南

1870 年,德国考古学家海因里希·施里曼凭着荷马史诗的指点,发掘出湮没 2000 多年的特洛伊城遗址,而且在伯罗奔尼撒半岛的一条山谷发现了迈锡尼王阿伽门农的坟墓,打开了埋藏 3000 年之久的地下宝库,由此揭开了世界考古史上最为辉煌的一幕。

特洛伊考古遗址,位于土耳其达达尼尔海峡主要港口查纳卡累以南 40 千米处的西萨尔立克。1998 年联合国教科文组织将其作为文化遗产,列入世界遗产名录。

今日的西萨尔立克已完全不是 1870 年施里曼开始发掘的那个泥土覆盖的小山丘了。如今,特洛伊考古区入口前重建的巨大木马,已成为土耳其最重要的文化景观之一,每年吸引着来自世界各地成千上万的游客。

公元前 8 世纪,希腊诗人荷马写下了两大史诗《伊利亚特》与《奥德赛》。这两大史诗是世界文化的瑰宝,也是古代希腊人留给后世的一份重要的精神财富和文化遗产。《伊利亚特》写的就是特洛伊战争。战争是由于普

□特洛伊考古遗址

□ "普里阿摩斯宝藏"

里阿摩斯国王的儿子帕里斯诱走了希腊斯巴达国王梅内莱厄斯的妻子、希腊最著名的美女海伦而引起的。为了夺回斯巴达国王的爱妻,斯巴达国王的哥哥、迈锡尼国王阿伽门农出面组织希腊各城邦盟军,亲自担任统帅,率领1000多艘战船组成的庞大舰队,渡海进攻特洛伊城,从此爆发了特洛伊战争。希腊士兵把特洛伊围困了10年,却始终不能攻占这座城池。后来,希腊军中最有智谋的英雄奥德修斯想出一条妙计, 他们造了一只巨大的木马,内藏伏兵,然后全军撤退,待特洛伊人将木马拖入城内后,半夜木马内的伏兵悄悄杀出,打开城门,希腊人里应外合,攻破了特洛伊城,临走时又将繁华的特洛伊城烧个精光。

岁月悠悠,沧海桑田,随着时光的变迁,到了19世纪,《伊利亚特》和《奥德赛》虽然仍被视为人类文学的初期经典之作,但只是被当作虚幻的神话或传奇。而历史学家只能将古希腊文明追溯到公元前8世纪,特洛伊战争不再被认为是历史,人们不再相信它们曾真实存在,而认为那是根据公元前1500~公元前1200年间发生的多次战争所编纂的,不足为信。唯独从小着迷于荷马史诗的德国考古学家海因里希·施里曼并不这样认为。1870年,经过多年的准备,47岁的施里曼带着他新婚的妻子来到了西安纳托利亚的爱琴海岸和今天土耳其的西萨尔立克，寻访他为之魂牵梦萦 40 年的古城堡遗址。他的"向导"不是别人，正是史诗作者荷马！他已经把《伊利亚特》和《奥德赛》看成历史，而不是单纯的文学作品。令世人惊奇的是，凭着荷马史诗的指点，施里曼不仅证明了希腊人用木马计攻陷特洛伊城是历史事实，发掘出湮没 2000 多年的特洛伊城遗址，找到了"普里阿摩斯宝藏"，而且又在伯罗奔尼撒半岛的一条山谷发现了迈锡尼王阿伽门农的坟墓，打开了埋藏 3000 年之久的地下宝库，由此揭开了世界考古史上最为辉煌的一幕。

1870 年 4 月，施里曼在西萨尔立克小山上开始发掘。他很快在土壤表层下 4.5 米处发现了一段由巨石构筑的古城墙。一年之后，他回到这里并有了更多的发现。1872 年，施里曼在当地找了 100 多个工人来协助他。他们发掘出的不是一座古城，而是一些城市的遗迹，这些城市一座建在另一座的上面。很明显，一座城市被毁之后，另一座城市在它的废墟上又建造起来。挖掘者们找到了更多的城墙、缸和陶器的碎片。这就是特洛伊城吗？1873 年 6 月，施里曼在靠近特洛伊王宫的环形墙附近，发现了一批宝贵的器物，其中最珍贵的是两顶华丽的金冠，另外还有金镯、高脚金杯、高脚琥珀金杯、金耳环、金扣子、穿孔小金条以及银、铜的花瓶与青铜武器。施里曼喜极而泣，他确信自己已经找到了传说中的特洛伊最后一位国王普里阿摩斯的宝藏。

施里曼去世之后，他的同事、德国考古学家威廉·德普菲尔德继续在此地发掘，根据最新的发掘材料推断，这座城市形成于公元前 2500~公元前 2200 年；这比传说中的特洛伊战争年代要早 1000 年。再后来，美国考古学家卡尔·布莱根以及最近的科夫曼等著名专家都花费了多年的工夫，做了进一步的发掘研究工作。

经过长期的发掘，人们发现，在特洛伊的遗址中，竟然重叠着分属 9 个时代的古城：第 1~5 层相当于青铜时代早期，第 6、7 层属青铜时代中期和晚期，第 8、9 层属早期铁器时代。最初的特洛伊城为一直径 90 多米的小城堡。它有石筑城墙和城门，是当地的农民和村民在危险的时候躲避灾难的

□特洛伊7层甲城

一个设防城堡。第2层特洛伊城建在第一个特洛伊城上面,被历史学家们称为特洛伊2城,它是一个更大更富有、直径达120多米的城堡,城中有王宫及其他建筑,在一座王家宝库中,考古人员还发现了许多金银珠宝和青铜器、石器、骨器。这座古城毁于大火,因此使得施里曼错误地认为这就是荷马所描述的特洛伊城。随后3层的城池都比原来的大。第6层有许多新的民居,城墙坚固,曾经多次扩建,总长540米,至少有4座城门,城内有许多贵族住宅的建筑台基。公元前1300年这座城市毁于地震。再上一层即特洛伊7层甲城,于公元前1250年被掠夺并被烧毁。历史学家能知道这个时间,是因为他们可以精确地判断出当时进口的迈锡尼陶瓷的年代。

大多数历史学家认为特洛伊7层甲城就是传说中普里阿摩斯国王时发生了特洛伊战争故事的那座城。后来的特洛伊7层乙城存在的时间不长,于公元前1100年被舍弃,在随后的几个世纪里,这里成了一座空城。第8座特洛伊城建于公元前7世纪初,那时附近利姆诺斯岛上的希腊人重新占领了它,并且繁荣了很多年。

最终,罗马人于公元前85年劫掠了这座城市并建造了特洛伊9城,也就是考古学家们所认定的最后一座城。公元400年左右,这座城市被遗弃,在施里曼重新发现它之前,一直没有被打扰过。虽然多数学者认为施里曼判断他发掘出的特洛伊城的年代不够准确,但毫无疑问这个遗址是他最先认定并发掘出来的。特洛伊古城重见天日,他的功劳应居首位。然而,据说施里曼在挖掘出"特洛伊宝藏"之后,并没有上报给土耳其当局,而是把它们运到了希腊。这个消息一传出,顿时引起轩然大波。土耳其政府强烈地要求归还这批宝藏,而希腊政府在土耳其人的压力下,也不敢接受这批宝藏。最后,施里曼只得把它们送到自己的祖国——德国,存放在柏林国立博物馆中。

第二次世界大战后期,苏军逼近柏林,德国的艺术珍宝(包括特洛伊的黄金宝藏)被统统打包,藏进了地下碉堡。但等到第二次世界大战结束时,这些无价之宝却神秘地消失了。于是,有的考古学家开始怀疑施里曼所描述的寻宝经过是否真实。有人经过研究施里曼的文章后发现,他的妻子当时没在发掘这些宝藏的现场。还有的学者认为这批藏宝并非一次发掘,而是施里曼把遗址不同层次和位置所发掘出的许多少量的珍宝,日后汇集在一起,当作"普里阿摩斯宝藏"宣布,以便更强烈地渲染这次稀世考古发现的轰动效应。直到1996年4月,"特洛伊宝藏"在莫斯科普希金博物馆重见天日。为保证这些珍宝的安全,博物馆采取了严密的保护措施,这些珍宝被放在19颗子弹都穿不透的橱窗里展出,每个橱窗旁还安排一名警卫,每天只接待800~1000名参观者。

目前,土耳其、希腊、德国和俄罗斯均宣称拥有这批财宝的所有权。看来,这场被称作第二次"特洛伊之战"的宝藏之争将是旷日持久的。

🔖 知识链接

特洛伊木马

古希腊传说,特洛伊王子帕里斯访问希腊,诱走了希腊王后海伦,希腊人因此远征特洛伊。围攻10年,希腊将领奥德修斯献了一计,就是把一批勇士埋伏在一匹巨大的木马腹内,放在城外后,佯作退兵。特洛伊人以为敌兵已退,就把木马作为战利品搬入城中。到了夜间,埋伏在木马中的勇士跳出来,打开了城门,希腊将士一拥而入攻下了城池。后来,人们在写文章时,就常用"特洛伊木马"这一典故,用来比喻在敌方营垒里埋下伏兵里应外合的活动。

蒂亚瓦纳科遗址

科普档案 ●考古发现:蒂亚瓦纳科遗址 ●位置:南美洲玻利维亚与秘鲁交界处的的的喀喀湖以南的高原上

蒂亚瓦纳科遗址是玻利维亚印第安古文化遗址,位于南美洲玻利维亚与秘鲁交界处的的的喀喀湖以南约 20 千米处、海拔 4000 米左右的高原上。遗址最引人注目的是整块岩石凿成的太阳门,号称"世界考古最伟大发现之一"。

在南美洲安第斯山脉的崇山峻岭中,有一个横跨秘鲁和玻利维亚两国边境的的的喀喀湖。湖面高度为海拔4000米。在湖东南20多千米的玻利维亚境内的高原荒野里,这个高原上的景象,看起来不像是地球上的,倒像是别的星球上的。这里的气压很低,大约只有海平面气压的一半,空气中氧含量也挺少。但是,在这样的高原上,有一座神秘的古城遗址蒂亚瓦纳科。

从残存的废墟石块中可以看出,蒂亚瓦纳科曾经是一座相当坚固的大方城,四面有着高不可攀的城墙,每座城门都用一整块重达几十吨甚至数百吨的大石雕凿而成。考古学家还在巨石的缝隙中发现了一些小金属钉,

□蒂亚瓦纳科遗址

□蒂亚瓦纳科的太阳门

其作用是固定石头。据推测，这些金属钉是把金属熔化后再倒入石头模子中制成的。最引人注目的还是整块岩石凿成的石门——"太阳门"，驰名世界，号称"世界考古最伟大的发现之一"。

蒂亚瓦纳科文明被认为是印加文明的先驱。在长达千年的时间里，蒂亚瓦纳科一直是安第斯世界最大、最重要的土著城市。这座古城的遗迹位于的的喀喀湖附近，在拉巴斯以西约 72 千米处。蒂亚瓦纳科海拔 3840 米（高于拉萨和加德满都），但并非山地——它位于山脉东西交界处的平原地带。蒂亚瓦纳科城位于玻利维亚，但是蒂亚瓦纳科文化的影响则不仅限于玻利维亚。这是南美洲的古印第安文化，分布在玻利维亚和秘鲁，并扩及厄瓜多尔南部、智利和阿根廷北部。

在这片土地上，修建了许多梯形金字塔、法庭和城市中心建筑。今天的艾马拉印第安人聚居的小村落就很靠近西班牙征服前的蒂亚瓦纳科遗址。考古学家对这一地区的研究主要集中在建筑上，即蒂亚瓦纳科遗址的梯形金字塔和城墙上紧密排列的大量的雕刻十分精美的石头。据估计，曾经有 3 万~4 万人口居住在古城内外。现代人类对蒂亚瓦纳科古城当时的手工业、食品贮藏系统、美洲驼队和蒂亚瓦纳科人创造的蒂亚瓦纳式捕鱼法所知甚少。有考古学家描述蒂亚瓦纳科古城中心和城周围的壕沟更像是为仪式庆典服务的,而不是用于战争中的进攻防御。而且由于常年降雨量很大,壕沟还起到了将雨水分流到城中其他下水道中,引流入蒂亚瓦纳科河的作用。阿卡帕那是最大的梯形金字塔,曾被认为是一座人工堆建的小山。经过考察,人们后来发现阿卡帕那的地基是由一块块经过完美切割的石头严丝合缝地垒砌起来的,成为蒂亚瓦纳科的标志性建筑。蒂亚瓦纳科古城中心还有六个带有垂直石柱的"T"形台地,是蒂亚瓦纳科的另一个显著标志。台地的地面满是灰土,极有可能是从周围的壕沟中挖出来的。

考拉塔在法庭遗址周围发掘出一些遗骸和大量的手工艺品,显然是城中的能工巧匠的杰作。这些遗骸的姿势是坐着的,其中一人拿着一件陶器,上面描绘着代表蒂亚瓦纳科的神物——美洲豹和美洲狮的图案。当地居民在周围还发现了祭祀用的美洲驼、陶器、铜器、银器和黑曜岩。从发掘出来的东西看,蒂亚瓦纳科主要敬奉着一位带着有翅膀随从的门神。这个人形的有翼形象在发现的陶器上很常见,是保佑蒂亚瓦纳科日常生活中农业丰收、渔牧业富足的神明。蒂亚瓦纳科有着自己独特的与当地土壤条件和气候条件相适宜的农业耕作,他们充分利用了这一地区的湿地。蒂亚瓦纳科

□蒂亚瓦纳科文明被认为是印加文明的先驱

人挖出多条相距 5~9 米宽的渠(有些地方长达 198 米),渠和渠之间用于耕种,渠中养鱼和种植水生植物,渠中的水还可以调节土壤的温度,保证作物不被冻坏。实际上,这种被证明为非常成功的耕作方式一直被艾马拉人沿用至今。蒂亚瓦纳科人一直统治着南部河谷,在公元 400~500 年间,他们控制了的的喀喀湖的西部和北部地区,也把他们的货物和耕种方式带到了这些新的地方。在这段时间内,蒂亚瓦纳科人和周围地区贸易往来频繁,载满货物的美洲驼队穿梭在城市之间,整个经济网络覆盖了安第斯南部的大部分地区。

蒂亚瓦纳科衰落之后,古迹一直没有得到有效的保护,在西班牙殖民者到达这块土地后,破坏仍在继续。19 世纪和 20 世纪早期,古迹的状况仍然没有得到改善。100 多年来,为了揭开蒂亚瓦纳科废城之谜,考古学家们做了大量工作。美国考古学家温德尔·贝内特在 20 世纪 30 年代曾经根据发掘结果,认为蒂亚瓦纳科经历过 3 个不同的文化时期,可分别称为早期、古典期和衰落期。在 20 世纪 50 年代,玻利维亚考古学家卡洛斯·蓬斯·桑切斯又率领考古队进行了大规模发掘工作,结果发现蒂亚瓦纳科废城底下共有 5 座古城遗址,它们一城叠着一城。所以,桑切斯认为,蒂亚瓦纳科城经历了 5 个历史时期,从公元前 200 年至公元 1200 年,历时近 1400 年。

但是,在这 5 层古城遗址中发现的文物资料并不多,所以,对于蒂亚瓦纳科城究竟是哪个民族兴建的,它究竟是一座宗教圣城,还是某一个帝国的古都,以及它为什么会几度兴废等问题,仍然找不到答案。有关蒂亚瓦纳科城的历史及太阳门的历史成为考古界争论的焦点。

📖 知识链接

"太阳门"之谜

世代居住在南美大陆的印第安人自古以来就崇拜光辉灿烂的太阳。传说太阳神曾亲自降临安第斯高原,在海拔 4000 米的的的喀喀湖畔建造了一座雄伟的城市,这就是历史最悠久的南美古城——蒂亚瓦纳科。每年春分之时,第一缕太阳光准确地穿过该城西北角的一座巨石拱门,以示对它的眷顾。因此,这座古城和"太阳门"就成了当地印第安人的圣地。但古城的真正建造情况没人能说得清。

比布鲁斯古城遗址

科普档案　●考古发现：比布鲁斯遗址 ●位置：黎巴嫩滨海地区 ●发掘时间：1920～1924 年

　　比布鲁斯是黎巴嫩最古老的城市之一，也是世界上至今一直有人居住的最古老的城市，其历史可以追溯到 7000 年前，它从新石器时代就开始有人居住，和数千年来地中海地区的传奇与历史紧密联系在一起。

　　比布鲁斯，位于黎巴嫩滨海地区，是世界上至今一直有人居住的最古老的城市，其历史可以追溯到 7000 年前第一批渔民群体在那儿定居的时代。

　　古时候，比布鲁斯与东方及地中海各大帝国均有过密切的联系，并且是重要的古文化中心之一，而今，黎巴嫩的朱拜勒就坐落在比布鲁斯的这一遗址上。当年曾是季比莱特（十字军对比布鲁斯的称谓）大教堂的那座 12 世纪罗马式圣约翰教堂中典雅的洗礼堂的装饰在提醒着人们，该城一度曾在热那亚人的统治之下。不远处，巨大拱座支撑的一座小型正教教堂，则可

□比布鲁斯古城遗址

以追溯到拜占庭时代。

壮丽的十字军城堡坐落在埃及法蒂玛王朝建于 9 世纪的一座建筑物的遗址上,高耸的主体俯视着全城。建城堡用的石块取自腓尼基和罗马的纪念性建筑物。这座始建于 12 世纪,在随后的数百年间不断修葺改建过的堡垒,有多个巨大的拱形大厅。考古学家正在对这一由几个古城镇交错、叠置而成的古代城市进行考古发掘,从城堡主楼的制高点极目远眺,占地辽阔的发掘点尽收眼底。遗址占地 10 余公顷。法国作家、历史学家欧风斯特·勒南曾于 1860 年间对其进行了第一次发掘,不过,揭开这一城市数千年历史面纱的,则是法国考古学家皮埃尔·蒙泰,他于 1920~1924 年间悉心从事考古发掘,并由其接班人莫里斯·迪南继续完成。除了其时代可追溯到 7000 年至 5000 年以前的带有海贝壳印模装饰的陶瓶外,迪南还发现了埋在红铜时代住所里的巨大的骨灰瓮和储存谷物、食品的坛坛罐罐,以及武器和珠宝。最早的住所只是草棚;后来开始出现建有石墙的住宅。第一份名实相符的城市规划布局——有多层住宅、排水系统和城墙——显示出了受美索不达米亚和埃及文化的影响。由市中心开始,一条狭窄的街道曲曲弯弯穿城而过;由此街道又延伸出一条条小巷,蜿蜒曲折贯穿于一幢幢住宅之间。一段 26 米长的城墙残留至今。城墙别出心裁地由一截截 4 米见方的墩柱作内墙面支撑。只是在朝陆地的一面把城市围住。至于朝向大海的一面,岩崖已为之提供了一道天然屏障。

比布鲁斯的黄金时期在公元前 3000 年,跟它与埃及的特殊关系是分不开的。在为数众多的神庙里供奉着与埃及一样的神灵。法老们派人去黎巴嫩购买造船用的木料和制作木乃伊用的材料。在供奉巴拉特女神的大神庙(在罗马时代之前曾重塑整修过)里发现有刻着法老名字的花瓶。这表明"比布鲁斯女神"(腓尼基女神阿斯塔特,即被腓尼基人传说认为发现了比布鲁斯的主神厄勒的副手)也为埃及君王们所敬重,数百年间一直是他们崇拜的偶像。毁于公元前 2150 年一场大火的另一处神庙——这里供奉的是一位男性神祇的遗址,以及"大宅门",即一处豪华大别墅的遗址,都表明该城当年的繁华程度。

不过迪南的主要发现是"方尖碑神庙"（始建于公元前 2000 年初）及其院落中那非凡的立石群。这些小小的方尖碑（高 0.5~2 米）象征着一群虔诚信徒围绕在他们的神的周围，而这位神明本身也用一座安放在座基上的方尖碑来表示。带孔的青铜斧、金斧、银斧；带压花金鞘的短剑；贴金箔的青铜像，以及从这座神庙中发掘出来的其他精美祭品，都显示了当地工艺匠师们高雅的艺术情趣。

比布鲁斯是个庞大的商贸和艺术交流的中心。其交往买卖的对象，往东是美索不达米亚，往南是埃及，往北是赫梯王国，往西越过大海则是灿烂的克里特文明。在波斯人统治下，比布鲁斯成了波斯帝国在东地中海防御体系中的一个战略据点。在被亚历山大大帝征服之后，比布鲁斯作为阿多尼斯——腓尼基神明，尔后成为希腊神话中的诸神之一的崇拜中心，曾有过一段影响辉煌的时期。在罗马时代，该地到处都有神庙和公共建筑。在建于 3 世纪的一座剧院中，发掘出一处精美的拼花地面。

腓尼基人的领地富饶但过于狭小，因而他们到处寻找发迹的机会。腓尼基人是出色的航海家和精明的商人。在《圣经》中，他们被描述为天才的木匠和象牙雕刻师，他们为所罗门神庙雕刻梁柱，用黄金和象牙把神庙装

□方尖碑神庙

饰一新。

　　幸存至今的最早的艺术品是一些在巴拉特女神庙遗址上发现的供品，其几何图形的独特新奇无可否认。那线条极具装饰风格的兽形花瓶上描绘的动物的动态和富有特色的姿势引人注目。如果说这种线条装饰风格有时显得粗糙，那也总是带着腓尼基艺术那种虎虎生气的特色。诚如法国考古学家安德烈·帕罗所言，腓尼基艺术是注定要成为"邻近各文明业已达到的一切最精美、最高超的东西的典雅与和谐的综合"的。

　　为满足商人们迅速订立契约、签发货物清单的需要，比布鲁斯的缮写员们（"比布鲁斯"与希腊语"纸莎草纸"一词同音，纸莎草纸产于埃及，通过比布鲁斯商人而传入希腊）发明了一份只有22个字母的简易字母表及其书写规则。希腊人和罗马人袭用了这份字母表，并把它传播到了东西方各国，这就是所有西方字母表的直系祖先。

知识链接

比布鲁斯字母

　　它是在比布鲁斯（今黎巴嫩朱拜勒）发现的古代字母。这是公元前11世纪刻在国王阿希拉姆墓碑上的文字。1923年发现，已经解读，有22个字母，表示辅音，带有不写出和不固定的元音，自右而左书写。这是迄今为止已经解读的最古字母。在比布鲁斯字母发现以前，一直认为麻阿比字母是已经解读的最古字母。比布鲁斯是古代腓尼基的海口商埠，以黎巴嫩为中心，包括叙利亚和以色列等四周地方，古称迦南，后称腓尼基。腓尼基大致在公元前15世纪就应用字母。比布鲁斯字母是现存最古的腓尼基字母。后来腓尼基人把字母传播到地中海沿岸各地。再传而成为近代西方各种字母。"比布鲁斯"是英文"圣经"一词的语源，其圣经原义为"书本"。

失落的城市马丘比丘

科普档案 ●**考古发现**：马丘比丘遗址●**位置**：今秘鲁境内库斯科西北 130 千米●**发现时间**：1911 年

马丘比丘在奇楚亚语中被称作"失落的印加城市"，是保存完好的前哥伦布时期的印加遗迹，位于今秘鲁境内库斯科西北 130 千米，整个遗址高耸在海拔 2350 米的山脊上，俯瞰着乌鲁班巴河谷，为热带丛林所包围，是世界新七大奇迹之一。

马丘比丘，印第安克丘亚语，意思是"古老的山巅"。在欧洲殖民者进入美洲以前，印第安人是美洲大地的主宰。大约在 12 世纪，秘鲁利马附近的库斯科谷地中的印第安部落逐渐强盛起来，开始向外扩张，兼并周边地区。他们的语言属印第安语系的奇楚亚语族，被称为印加人。1438 年他们统治了安第斯山脉北部山区，建立了强大的奴隶制国家——印加帝国。

16 世纪初，鼎盛期的印加帝国疆域北起今日的哥伦比亚边境，南至今

□马丘比丘遗址

□古城遗址

日的智利中部，西濒太平洋东海岸，东达亚马孙丛林和今日阿根廷北部，人口多达600万，建都于库斯科。印加帝国雄霸一方，他们信奉太阳神，建立了完善的农业体系，遗憾的是直到他们突然"失落"，印加帝国还没有自己的文字（或者还没有被发现），还处于结绳记事阶段，印加人的历史完全依靠一代代印加人的口耳相传。只有马丘比丘古城默默告诉你当时的文明有多么发达。虽然马丘比丘在考古学上首屈一指，名声响亮，可是世人对于它的历史却只是略知皮毛而已。有人猜测，当时印加人不愿让城堡被西班牙人占领，个个守口如瓶不提以致失传。况且城堡建于陡峭狭窄的山脊，又被四周的崇山峻岭包围遮盖住，因此也没被西班牙人发现。大部分挖掘出来的遗体都是女性，所以有人猜测，马丘比丘是特地用来赡养妇女以供男人所需。但从建筑的结构来看，它并不适宜居住，只是作为举行庆典仪式之用罢了。

古城遗址位于古印加帝国首都库斯科城南部112千米的高原上，海拔2560米。1532年，西班牙殖民者入侵秘鲁攻占了马丘比丘，但最终将它遗弃。1911年，美国探险家海勒姆·宾厄姆发现了完全掩盖在一片厚厚的热带树林之下的古城遗址。此后，随着神秘面纱逐步被揭开，古老的马丘比丘开始向现代社会透射出它曾经辉煌的帝国文明。遗址虽只剩下残垣断壁，但当初兴盛时期的壮观风貌依稀可见。古城街道狭窄，整齐有序，宫殿、寺院、作坊、堡垒等各具特色。它们多用巨石堆砌而成，没有灰浆等黏合物，大小石块严丝合缝，甚至连一个刀片都插不进去。

这里与其说是个城市，不如说是个宗教活动的聚集地。它建成的年代尚是个未知数,不过很可能是建于 15 世纪末,印加帝国向外扩张势力的鼎盛时期。有人估计这里至少居住 1500 人。从挖掘出的头骨,能推断其女性人数与男性人数的比例为 10:1,这一点支持了下述的推测:这里曾是个宗教祭奠活动的场所,这里的人们崇拜太阳,因为女人被视为太阳的贞女。

对于马丘比丘的人们崇敬太阳的推测,还出自另一个迹象,就是"拴住太阳的地方"的一座建筑。这是个奇妙的石头结构,似乎是个复杂的天文装置,当其他东西都残迹全无时,唯独它却能幸存至今。据猜这是用来计算一些重要的日期的,如夏至、冬至等。它的名字好像与一种庆典有关,因为据称在冬至那一天太阳被拴在这里。而且,在太阳塔上,似曾有过对太阳系的观察与研究。太阳塔是个马蹄形的建筑,朝东的一扇窗子很特殊,它在冬至那一天,可以抓住太阳的光线。再者,在三窗寺,那三扇排成一直线的窗户,以及屋子中央那一块笔直的长方形的石块,这些显然都是有着特殊意义的,每当夏至或冬至,印加人便在此举行太阳节的庆典活动。

马丘比丘处处是花园、通道、宏伟的建筑与宫殿。这里有痕迹显示出沟渠、水池、浴池,以及玉米、土豆和其他蔬菜。高低不一的花园和道路用石阶

□马丘比丘城墙遗址

相连。这些古迹，从西班牙入侵时期就是一个谜，一直被莫名其妙地忽略了。有的人说是因为印加部落间的内战玷污了这里的美丽与圣洁。海勒姆·宾厄姆评论说马丘比丘的砖石建筑是令人难以置信的奇观。当地人把巨大的花岗岩石块砌在一起，却又不使用砂浆，这简直是个奇迹。各种不同形状的石块，竟被如此巧妙而又精确地相互拼合起来，成为一体，所筑成的石墙，使人难以觉察到石块间的接缝，看上去，它好像本身就是一大块石头，那个时期有如此超凡的技巧，真是太不可思议了！当被发现时，这座被遗弃了数百年之久，又被森林蚕食了的古城，已是满目疮痍，唯独其石砖建筑结构遭到毁坏程度之小，确令人意外。

有人断言印加人不可能在没有铁制工具、没有马犬畜、没有车轮知识的年代里，建造出如此绝妙的砖石建筑。鉴于这一点，便开始传出了外星人光临、上天之灵的创造等传说。另一个更简洁的说法则把这一切归功于印加帝国的祖先的成果。虽然人们迄今无法断定，马丘比丘是如何建造而成的，但是它的存在，总使人们饶有兴味地想探知关于创造了这一伟绩的那些神秘而又充满了智慧的先祖的一切。

美洲一直是一个被认为缺失古文明的大陆，直到1911年失落了很多个世纪的古城马丘比丘在秘鲁被发现。一段古老的文明终于重见天日，印第安人在南美所创造的印加文明丝毫不逊色于古罗马文明、古希腊文明。

📖 知识链接

马丘比丘的建筑

马丘比丘的全部建筑都是印加传统风格的：磨光的规则形状的墙，以及美妙的接缝技巧，墙上石块和石块之间的缝隙连匕首都无法插进去，让人简直无法理解印加人是究竟如何把它们拼接在一起的。整个遗迹由约140个建筑物组成，包括庙宇、避难所、公园和居住区。这里还建有超过100处阶梯——每个通常由一整块巨大的花岗岩凿成。还有大量的水池，互相间由穿凿石头制成的沟渠和下水道联系，通往原先的灌溉系统。至今没人明白印加人怎么能够把重达20吨的巨石搬上马丘比丘的山顶。

丛林中的神话玛雅文明

科普档案 ●考古发现:玛雅文明 ●形成时间:公元前 2500 年 ●分布地区:墨西哥南部、危地马拉、巴西等地

广受世人关注的玛雅文明,堪称世界文明史上的奇葩。玛雅文明是美洲印第安玛雅人在与亚、非、欧古代文明隔绝的条件下,独立创造的伟大文明,诞生于公元前 10 世纪,是哥伦布发现美洲大陆之前人类取得的,它在科学、农业、文化、艺术等诸多方面,都做出了极为重要的贡献。

在世界古代文明史上,玛雅文明似乎是从天而降,在最为辉煌繁盛之时,又戛然而止。16 世纪中叶,西班牙殖民主义者,顺着哥伦布的足迹,踏上中美土地,来到了玛雅部落。玛雅人委派通译者佳觉,向西班牙第一任主教兰多介绍了自己的文明。兰多被玛雅典籍中记载的事情吓坏了,认为这是"魔鬼干的活儿",于是下令全部焚毁。经过这番浩劫之后,玛雅人一下子神奇地失踪了,他们灿烂的文化也随之成了不解之谜。

300 年后,年轻的美国外交官斯蒂文写的《旅行纪实——中美加帕斯和尤卡坦》激起了人们研究玛雅文化的热潮,于是不少人致力于研究 16 世纪西班牙的那场浩劫后,仅留下的三部玛雅典籍和一些石碑、壁画等,然而,玛雅的文字是那样古怪,那样难懂。数百年来,这三部像天书一样的玛雅典籍,吸引着无数想要"打开"这"硬壳果"的人,但到头来,他们都只能望洋兴叹。特别是第二次世界大战以后,为了研究玛雅文化,美国和苏联都投入了大量的人力和物力,甚至还使用了先进的电子计算机。即使如此,到目前为止,据说也仅仅认出其中的 1/3。

1966 年,有人根据已认出的这些玛雅文字,试译了奎瑞瓜山顶上的一块玛雅石碑,出乎人们意料之外的是,它竟是一部编年史。据透露,编年史中记有发生于 9000 万年前,甚至 4 亿年前的事情。可是 4 亿年前,地球还处在中生代,根本没有人类的痕迹,难怪那些欧洲的宗教狂人要认为通译

□ 玛雅文字

者佳觉所介绍的玛雅文明是"魔鬼干的活儿"了。玛雅的文字连现代电子计算机都"敲"不开，而且他们的历史要上溯到四万万年以前。可见，他们绝不是一个落后的民族。自从1839年美国人约翰·斯蒂芬斯在洪都拉斯的热带丛林第一次发现玛雅古文明遗址以来，世界各国考古人员在中美的丛林和荒原上共发现了170多处被遗弃的玛雅古代城市遗迹，并发现在公元前1000年到公元8世纪，玛雅人的文明足迹北起墨西哥的尤卡坦半岛，南至危地马拉、洪都拉斯，直达安第斯山脉。这个神秘的民族在南美的热带丛林建造了一座座规模令人咋舌的巨型建筑。雄伟壮观的提卡尔城，其电脑复原图出现在人们面前时，许多现代城市的设计师也自叹弗如。建于7世纪的帕伦克宫，殿面长100米，宽80米。乌克斯玛尔的总督府，由22500块石雕拼成精心设计的图案，分毫不差。奇琴·伊察的武士庙，屋顶虽已消失，那巍然耸立的1000根石柱仍然令人想起它当年的气魄。这一切都使人感到，这是个不平凡的民族。

随着对玛雅文化的进一步考察，人们又惊奇地发现，几千年前的玛雅人竟有着无与伦比的数学造诣，有着独特的谜一样的文字。而且奇琴·伊察、提卡尔、帕伦克等地的巨型建筑也并非出自玛雅人的实际生活的需要，而是严格依照神奇的玛雅历法周期建造的。

玛雅人的历法和天文知识究竟精确到什么程度呢？他们把一年分为18个月，他们测算的地球年为365.2420天，现代人测算为365.2422天，误差仅0.0002天，就是说约5000年的误差才仅仅一天。他们测算的金星年为584

天,与现代人的测算50年内误差仅为7秒。这是个多么令人难以置信的数字!几千年前的玛雅人怎么能有这么精确的计算?他们还保持着一种特殊的宗教纪年法,一年分为13个月,每月20天,称为"佐尔金年"。这种历法从何而来,实在令人不解。因为这种年法不是以地球上所观察到的任何一种天体的运行为依据的。以致有人认为,"佐尔金年"历法是玛雅人的祖先依据另一个至今我们尚不知道的星球制订的。玛雅人至少在公元前4世纪就掌握了"0"这个数字概念,比中国人和欧洲人都早了800~1000年。他们还创造了20进位计数法,他们的数字演算可沿用到400万年以后。这样庞大的天文数字,只有在现代星际航行和测算星空距离时才用得上。而几千年前的玛雅人刀耕火种,用树叶遮体,用可可豆作媒介以物换物,这样的数字演算他们用得着吗?

玛雅人的历法可以维持到4亿年以后,他们计算的太阳年与金星年的差数可以精确到小数点以后的4位数字,他们有自己的文字,那是用800个符号和图形组成的象形文字,词汇量多达3万个。他们有着精美绝伦的雕刻、绘画和青铜艺术。然而在这个登峰造极的高度文明诞生之前,玛雅人巢居树穴以采集为生,这样的原始部落怎么能突然产生这种高度文明?即使到了16世纪,西班牙人在布满古迹遗址的尤卡坦半岛上看到的印第安人,还是以树叶遮体,住泥巴糊的茅屋,以采集狩猎勉强度日。显然那种精确的天文历法和数学,那种令全世界景仰的文明、艺术,都远远超出了当地印第安土著那几近原始生活的实际需求。

这使任何人都不能不产生深深的疑问:古代玛雅人是怎么得到了那么高深的知识?灿烂的玛雅文化究竟是怎样产生的,后来又怎样销声匿迹?

1952年6月5日,人们在墨西哥高原的玛雅古城帕伦克一处神殿的废墟里,发掘出了一块刻有人物和花纹的石板。当时人们仅仅把这当作是玛雅古代神话的雕刻。但到了20世纪60年代,人们乘坐宇宙飞船进入太空后,那些参与过宇航研究的美国科学家们才恍然大悟:帕伦克那块石板上雕刻的,原来是一幅宇航员驾驶着宇宙飞行器的图画!虽然经过了图案化的变形,但宇宙飞船的进气口、排气管、操纵杆、脚踏板、方向舵、天线、软管及各种仪表仍清晰可见。这幅图画的照片被送往美国航天中心时，那些宇航专家们无不惊叹，一致认为它就是古代的宇航器。这似乎更令人难以置信，但却是确凿的事实。

于是，有些学者提出了一种大胆的看法：他们认为，在遥远的古代，美洲热带丛林中可能来过一批具有高度文明的外星智能生命，他们走出飞船，教给了尚在原始时代的玛雅人各种先进知识，然后又飘然而去。他们被玛雅人认为是天神。玛雅文化中那些令人难以理解的高深知识，就是出于外星人的传授。帕伦克石板上的雕刻，也是玛雅人对外星宇航员的临摹。外星人离去时，曾向玛雅人许诺重返地球，但在玛雅人的祭司预言天神返回的日子里，这些外星人并未重新返回。于是这导致了玛雅人对其宗教和祭司统治的信心丧失，进而引起了整个民族心理的崩溃，终于使人们一个个离开故乡，各自走散。玛雅文化就这样消失了。

也许人们会指责这种看法带有过多的假说意味。但即使否定了这种说法，也仍然无法圆满地解释玛雅文化那神秘的内涵，那众多令人不可思议的奇迹，以及它突然消失的原因。

📚 知识链接

玛雅人的哲学和理想化的思想

玛雅人与其他早期的人类一样，原先信奉萨满教，崇拜自然神，尤其崇拜太阳神，称其为伊查纳。但玛雅宗教是不断发展的，后来在宗教中注入了原始的哲学和理想化的思想。玛雅人的理想化思想是认为在天上有一个美满的世界。主宰世界的神叫伊斯塔，他是一个非常善良、公正无私和充满爱心的神，在他的主持下天堂里充满了欢乐，没有疾病、没有忧愁、没有痛苦，有的是充足美味的食物、宽敞的房屋、华丽的衣服。而在地下则有一个可怕的地狱。玛雅人对人生的哲学是：一个人活着的时候做好事，死了可以进天堂，反之就要下地狱，由死神清算你在人世间所造的孽。